CÓMO ESTUDIAR LA **BIBLIA**

Título original: *El Placer y Beneficios del Estudio de la Biblia*

CÓMO ESTUDIAR
LA **BIBLIA**

Mucha paz tienen los que aman
tu ley, y nada los hace tropezar
– Salmo 119:165

D. L. Moody

Nos encanta escuchar de nuestros lectores. Por favor contáctenos en www.anekopress.com/questions-comments para cualquier pregunta, comentario o sugerencia.

How to Study the Bible – Dwight L. Moody

En Español: *Cómo Estudiar la Biblia*

Edición Actualizada Copyright © 2022

Primera Edición publicada en 1895 por Fleming H. Revell Company, Chicago, New York, & Toronto

Se prohíbe la reproducción, el almacenamiento en un sistema de recuperación o la transmisión en cualquier forma o por cualquier medio, ya sea electrónico, mecánico, de fotocopia, de grabación o de otro tipo, sin la autorización por escrito del editor. Póngase en contacto con nosotros a través de www.AnekoPress.com para obtener permisos de reimpresión y traducción.

A menos que se indique lo contrario, las citas bíblicas están tomadas de la Nueva Biblia de las Américas™ NBLA™ Copyright © 2005 por The Lockman Foundation. Usado con Permiso. www.Lockman.org

Fotografía de la Portada: Christophe Testi/Shutterstock

Traducción: Rodney La Salvia

Edición y Revisión: Neyla M. La Salvia

Aneko Press

www.anekopress.com

Aneko Press, Life Sentence Publishing, y nuestros logos son marcas de Life Sentence Publishing, Inc.
203 E. Birch Street
P.O. Box 652
Abbotsford, WI 54405

RELIGIÓN / Vida Cristiana / Crecimiento Espiritual

Paperback ISBN: 978-1-62245-815-8

eBook ISBN: 978-1-62245-816-5

10 9 8 7 6 5 4 3 2

Disponibles donde se venden libros.

Contenidos

Prefacio vii

Cap. 1: No Hay Vida Verdadera Sin La Biblia 1

Cap. 2: La Palabra De Dios Es Verdad 11

Cap. 3: Toda La Palabra De Dios Es Verdadera 21

Cap. 4: No Descuides El Antiguo Testamento 31

Cap. 5: La Palabra De Dios Permanece Para Siempre 35

Cap. 6: Precisa Ayer, Hoy Y Mañana 39

Cap. 7: Dales La Palabra De Dios 49

Cap. 8: Toma El Tiempo Y Estudia 55

Cap. 9: Aprende Y Usa La Biblia 61

Cap. 10: Método Del Telescopio 69

Cap. 11: Del Telescopio Al Microscopio 87

Cap. 12: Observa Y Aprende; Lee Y Memoriza 99

Cap. 13: Tipos, Personajes Y Nombres 109

Cap. 14: Tómale La Palabra A Dios 113

Cap. 15: Una Palabra A La Vez 125

Cap. 16: Marca Mi Palabra 129

Cap. 17: Trabajo Personal Para Dios 145

Cap. 18: Resumen Y Sugerencias 157

Acerca De Dwight L. Moody 161

También Por Aneko Press 164

Prefacio

Siempre es un placer para mí hablar sobre el estudio de la Palabra de Dios. Creo que preferiría predicar sobre la Palabra de Dios que sobre cualquier otra cosa, excepto el amor de Dios, porque creo que es lo mejor del mundo.

No podemos sobrestimar la importancia de estar completamente familiarizados con la Biblia. Trato de utilizar todas las oportunidades y todos los medios a mi alcance para instar a la gente a estudiar constantemente este maravilloso Libro. Si a través de las páginas que siguen puedo llegar a otros e inspirarles a leer sus Biblias, no al azar, sino con un plan y un propósito, estaré realmente agradecido.

Cuando andes, te guiarán; cuando duermas, velarán por ti; y al despertarte, hablarán contigo. (Proverbios 6:22)

Capítulo 1

No Hay Vida Verdadera Sin La Biblia

Una revitalización espiritual que perdure debe venir a través de la Palabra de Dios. Un hombre se levantó en una de nuestras reuniones y dijo que esperaba obtener lo suficiente de la serie de reuniones para que le durara toda su vida. Le dije que podría tratar de comer suficiente desayuno de una sola vez para durar toda su vida. Ese es un error que la gente está cometiendo; están corriendo a las reuniones religiosas y pensando que las reuniones van a hacer el trabajo. Pero si estas no te llevan a un contacto más cercano con la Palabra de Dios, toda la impresión se irá en tres meses. Cuanto más ames las Escrituras, más fuerte será tu fe. Hay poca reincidencia cuando la gente ama las Escrituras. Si entras en contacto más cercano con la Palabra, ganarás algo que durará, porque la Palabra de Dios va a perdurar. En el Salmo 119, David oró nueve veces para que Dios lo vivificara o fortaleciera según Su Palabra. Por ejemplo:

- *Vivifícame conforme a tu palabra.* (Salmo 119:25)

- *Fortaléceme conforme a tu palabra.* (Salmo 119:28)

- *Señor, vivifícame conforme a tu palabra.* (Salmo 119:107)

- *Sostenme conforme a tu palabra, para que viva.* (Salmo 119:116)

Si pudiera decir algo que motivara a los cristianos a tener un amor más profundo por la Palabra de Dios, creo que les estaría haciendo el servicio más importante que se puede hacer por ellos. Se preguntan: "¿Cómo puedo enamorarme de la Biblia?". Pues bien, si sólo te animas a estudiarla y pides la ayuda de Dios, Él te ayudará definitivamente.

La Palabra y las obras hacen a los cristianos sanos. Si las personas son todo Palabra y nada de obras, sufrirán de lo que puedo llamar gota religiosa. Por otra parte, si son todo obras y nada de Palabra, no tardarán en caer en toda clase de pecados y errores, de modo que harán más daño que bien. Si primero estudiamos la Palabra y luego nos ponemos a trabajar, seremos cristianos sanos y útiles. Nunca he visto un cristiano fructífero que no haya estudiado la Biblia. Si un hombre descuida su Biblia, puede orar y pedir a Dios que lo use en Su obra, pero Dios no puede usarlo, porque no hay mucho sobre lo que el Espíritu Santo pueda trabajar.

Debemos tener la Palabra misma, que es más afilada que cualquier espada de dos filos.

Porque la palabra de Dios es viva y eficaz, y más cortante que cualquier espada de dos filos; penetra hasta la división del alma y del espíritu, de las coyunturas y los tuétanos, y es poderosa para discernir los pensamientos y las intenciones del corazón.
(Hebreos 4:12)

Podemos tener muchas reuniones de oración, pero hay algo tan importante como la oración, y es que leamos nuestras Biblias, que tengamos estudio bíblico y conferencias bíblicas y clases bíblicas, para que podamos agarrar la Palabra de Dios, y que ella pueda agarrarnos a nosotros. Cuando oro, hablo con Dios, pero cuando leo la Biblia, Dios me habla a mí; y es realmente más importante que Dios me hable a mí que yo a Él. Creo que sabríamos orar mejor si conociéramos mejor nuestras Biblias. ¿Para qué sirve un ejército si los soldados no saben usar sus armas? ¿Para qué sirve un joven que se inicia en el trabajo cristiano si no sabe usar su Biblia? Un hombre no vale mucho en la batalla si tiene alguna duda sobre su arma, y nunca he encontrado un hombre que tenga dudas sobre la Biblia que haya tenido éxito en el trabajo cristiano. He visto una obra tras otra arruinada porque los hombres y las mujeres perdieron la confianza en el espíritu de este viejo Libro.

Graben, pues, estas mis palabras en su

> *corazón y en su alma; átenlas como una señal en su mano, y serán por insignias entre sus ojos. Enséñenlas a sus hijos, hablando de ellas cuando te sientes en tu casa y cuando andes por el camino, cuando te acuestes y cuando te levantes. Y escríbelas en los postes de tu casa y en tus puertas.* (Deuteronomio 11:18-20)

Si los jóvenes convertidos quieren ser utilizados por Dios, deben alimentarse de Su Palabra. Su experiencia puede ser muy buena e iluminadora al principio, y pueden ayudar a otros contándola; pero si no hacen otra cosa que contar su experiencia, pronto se volverá rancia y poco provechosa, y la gente se cansará de oír lo mismo una y otra vez. Después de contar cómo se han convertido, lo siguiente que deben hacer es alimentarse de la Palabra. Nosotros mismos no somos fuentes, pero la Palabra de Dios es la verdadera fuente.

> *Deseen como niños recién nacidos, la leche pura de la palabra, para que por ella crezcan para salvación, si es que han probado la bondad del Señor.* (1 Pedro 2:2-3)

Si nos alimentamos de la Palabra de Dios será fácil hablar a otros sobre la Palabra de Dios; y no sólo eso, sino que también estaremos creciendo en gracia todo el tiempo, y otros notarán el cambio en nuestro caminar y conversación. Son muy pocos los cristianos que crecen, porque son muy pocos los que estudian. Yo aconsejaría a todos los jóvenes convertidos que pasen todo el tiempo que puedan en compañía de cristianos más maduros. Me gusta estar con los que saben más que yo, y nunca pierdo la oportunidad de aprender todo lo que puedo de ellos. Estudia la Biblia con cuidado y en oración; pregúntale a otros qué significa este pasaje y qué significa aquel otro, y cuando te hayas familiarizado con las grandes verdades que contiene la Biblia, tendrás menos que temer del mundo, de la carne y del Diablo. Entonces no te decepcionarás de tu vida cristiana.

> *Procura con diligencia presentarte a Dios aprobado, como obrero que no tiene de qué avergonzarse, que maneja con precisión la palabra de verdad.* (2 Timoteo 2:15)

La gente suele decir constantemente: "Queremos algo nuevo. Queremos alguna doctrina nueva o alguna idea nueva". Dependan de esto, mis amigos, que si se cansan de la Palabra de Dios y se vuelve aburrida para ustedes, están fuera de la comunión con Él.

> *¡Cuánto amo Tu ley! Todo el día es ella mi meditación.* (Salmo 119:97)

La última vez que estuve en Baltimore, se podía ver una iglesia episcopal al asomarme por mi ventana. Los vitrales eran aburridos y poco atractivos durante el día, pero cuando las luces brillaban desde adentro por la noche, eran hermosos. Cuando el Espíritu Santo toca los ojos de tu entendimiento y ves a Cristo brillando a través de las páginas de la Biblia, ésta se convierte en un libro nuevo para ti.

Los preceptos del Señor son rectos, que alegran el corazón; el mandamiento del Señor es puro, que alumbra los ojos. (Salmo 19:8)

Una vez, una joven tomó una novela para leerla, pero la encontró aburrida y sin interés. Unos meses más tarde le presentaron al autor, y con el tiempo, se convirtió en su esposa. Entonces descubrió que había algo emocionante y valioso en el libro, y su opinión sobre él cambió. El cambio no estaba en el libro, sino en ella misma. Había llegado a conocer y amar al autor.

Jamás me olvidaré de Tus preceptos, porque por ellos me has vivificado. (Salmo 119:93)

Algunos cristianos leen la Biblia como una obligación, si es que la leen; pero en cuanto un hombre o una mujer ve a Cristo como el más grande entre diez mil, la Biblia se convierte en la revelación del amor del Padre y así se convierte también en una fascinación interminable.

Una vez un hombre le preguntó a otro: "¿Lee usted la Biblia a menudo?".

"No", fue la respuesta. "Admito honestamente que no amo a Dios".

"Yo tampoco al principio", respondió el hombre, "pero Dios siempre me amó".

Mucha gente parece pensar que la Biblia está

desactualizada, que es un libro antiguo y que no sirve para nada hoy en día. Dicen que era muy buena para la Edad Media y que en ella hay historias muy buenas, pero que no fue pensada para la época actual; vivimos en una época muy ilustrada y las personas pueden arreglárselas muy bien sin este viejo Libro; lo hemos superado, dicen. Ahora bien, es como si dijeran que el sol, que ha brillado durante tanto tiempo, es ahora tan viejo que está desactualizado, y que cuando un hombre construye una casa no necesita poner ninguna ventana en ella, porque tenemos una luz más nueva y mejor; tenemos luz eléctrica. Pero no es cierto: nada puede sustituir los cálidos rayos de luz del sol.

> *Se seca la hierba, se marchita la flor, Pero la palabra de nuestro Dios permanece para siempre.* (Isaías 40:8)

Debemos tener en cuenta que no hay ninguna situación en la vida para la que no puedas encontrar alguna palabra de consuelo en las Escrituras. Si estás en aflicción, si estás en adversidad y prueba, hay una promesa para ti. En la alegría y en la tristeza, en la salud y en la enfermedad, en la pobreza y en la riqueza, en cada condición de la vida, Dios tiene una promesa guardada en Su Palabra para ti. De una manera u otra, cada caso se cumple, y la verdad es encomendada a la conciencia de cada hombre. Se dice que Richard Baxter, autor de *El Descanso Eterno de los Santos [The Saints' Everlasting Rest]*, se asombró en su juventud por los milagros de la Biblia; a medida que fue creciendo, quedó más impresionado por el cumplimiento de las profecías y hacia el final de su vida, sintió la más profunda satisfacción en su propia y dulce experiencia del poder del evangelio.

Si estás impaciente, siéntate tranquilamente y comparte con Job.

- Si eres de carácter fuerte, lee sobre Moisés y Pedro.
- Si te falta valor, mira a Elías.
- Si no hay canción en tu corazón, escucha a David.
- Si estás en la política, lee a Daniel.
- Si estás moralmente corrupto, lee a Isaías.
- Si tu corazón está frío, lee al discípulo amado, Juan.
- Si tu fe está baja, lee a Pablo.
- Si te estás volviendo perezoso, aprende de Santiago.
- Si estás perdiendo de vista el futuro, lee en el Apocalipsis sobre la Tierra Prometida.

En el Salmo 119:165, nos encontramos con estas palabras: *Mucha paz tienen los que aman Tu ley, y nada los hace tropezar.* El estudio de la Palabra de Dios asegurará la paz. Tomemos a aquellos cristianos que están arraigados y cimentados en la Palabra de Dios, y encontraremos que tienen una gran paz. Pero aquellos que no estudian y que no conocen sus Biblias son fácilmente ofendidos o desanimados cuando algún pequeño problema o alguna pequeña persecución viene, y su paz es perturbada; sólo un pequeño soplo de oposición, y su paz se va.

A veces me asombra ver lo poco que se necesita para alejar toda la paz y el consuelo de algunas personas. Un pequeño chisme o calumnia los molesta rápidamente; pero si tenemos la paz de Dios, el mundo no puede quitarnos esa paz. No puede darla, no puede destruirla. Debemos obtenerla por encima del mundo. Es la paz que sólo Cristo da. *Mucha paz tienen los que aman Tu ley, y nada los hace tropezar.* Cristo lo dijo, *Y bienaventurado es el que no se escandaliza de Mí* (Mateo 11:6). Dondequiera que haya un cristiano instruido en la Biblia, uno que tenga su Biblia bien marcada y que se alimente diariamente de la Palabra meditando en oración, no se ofenderá fácilmente. Esas son las personas que están creciendo en Cristo y trabajando para Él todo el tiempo.

Por otro lado, son las personas que nunca abren sus Biblias y nunca estudian las Escrituras las que se ofenden y se desaniman, y luego se preguntan por qué están pasando por un momento tan difícil. Son las personas que te dicen que el cristianismo no es lo que ellos pensaban que sería, que no es tan grande como nosotros decimos que es. El verdadero problema es que no han hecho lo que el Señor les ha dicho que hagan. Han descuidado la Palabra de Dios.

Busquen en el libro del Señor, y lean.
(Isaías 34:16a)

Si hubieran estado estudiando la Palabra de Dios, no estarían en esa condición; no se habrían alejado de Dios todos estos años, viviendo de las cáscaras del mundo. Han descuidado el cuidado de la nueva vida. No la han alimentado, y la pobre alma, al estar hambrienta, se hunde en la debilidad y la decadencia, y fácilmente tropieza o se ofende. Si un hombre ha nacido de Dios, no puede prosperar sin Dios.

Conocí a un hombre que me confesó que su alma no se había alimentado de nada durante cuarenta años. "Bueno", dije yo, "eso es bastante duro para el alma: ¡no darle nada para alimentarse!". Ese hombre es como miles y decenas de miles hoy en día: sus pobres almas se están muriendo de hambre. Cuidamos bien este cuerpo terrenal que sólo tenemos por poco tiempo. Lo alimentamos tres veces al día y lo vestimos, lo arreglamos, y pronto va a la tumba a pudrirse; pero el hombre interior que ha de vivir por siempre es débil y está hambriento.

> *No solo de pan vivirá el hombre, sino de toda palabra que sale de la boca de Dios.* (Mateo 4:4),

Si un hombre está viajando y no sabe a dónde va o cómo va a llegar, sabe que va a tener muchas dificultades innecesarias en su viaje. No es seguro ni sabio viajar sin un plan y un mapa. La Biblia es una guía en el viaje de la vida, y la única que señala el camino al cielo. Prestemos atención, entonces, a no rechazar la luz y la ayuda que nos brinda.

> *Lámpara es a mis pies Tu palabra, y luz para mi camino.* (Salmo 119:105)

Capítulo 2

La Palabra De Dios Es Verdad

No esperamos que los hombres y las mujeres crean en la Biblia sin investigarla o examinarla. No es natural que aceptemos las cosas de Dios sin cuestionarlas. Para *estar siempre preparados para presentar defensa ante todo el que les demande razón de la esperanza que hay en ustedes* (1 Pedro 3:15), deben preguntar primero ustedes mismos. Sin embargo, no seas un escéptico deshonesto, teniendo tu corazón y tu mente en contra de la evidencia incluso antes de verla. No seas un escéptico por pensar que es de intelectuales el dudar. No te aferres a tus dudas sin pensar en ellas. El escritor alemán Johann Wolfgang von Goethe dijo: "Dame el beneficio de tus convicciones, si las tienes; pero guárdate tus dudas para ti, porque yo ya tengo bastantes". Debes ser como Tomás, el discípulo, que no aceptó la oferta de Jesús de palpar las huellas de los clavos en sus manos y en su costado; vio la verdad, y su corazón estaba abierto al cambio.

> *Luego dijo a Tomás: "Acerca aquí tu dedo, y mira Mis manos; extiende aquí tu mano y métela en Mi costado; y no seas incrédulo, sino creyente"."¡Señor mío y Dios mío!", le dijo Tomás.* (Juan 20:27-28)

Si estás lleno de la Palabra de Dios, no tendrás ninguna duda sobre la Palabra de Dios. Una señora me dijo una vez: "¿No tienes dudas?". No, no tengo tiempo para dudas; hay demasiado trabajo que hacer. Algunas personas viven de la duda. Es una de sus principales características. Creo que la razón por la que hay tantos cristianos que no muestran muchas evidencias de caminar con Dios, con los que sólo se ven salir las gracias cristianas de vez en cuando, es que no toman la Biblia como doctrina, represión e instrucción.

> *Toda Escritura es inspirada por Dios y útil para enseñar, para reprender, para corregir, para instruir en justicia.* (2 Timoteo 3:16)

Alguien podría decirte: "Me gustaría que me demostraras que la Biblia es verdadera". El Libro se probará a sí mismo si lo dejas; hay un poder vivo en él.

> *Por esto también nosotros sin cesar damos gracias a Dios de que cuando recibieron la palabra de Dios que oyeron de nosotros, la aceptaron no como la palabra de hombres, sino como lo que realmente es, la palabra de Dios, la cual también*

hace su obra en ustedes los que creen.
(1 Tesalonicenses 2:13)

No necesita defenderse tanto como necesita estudiarse. Puede defenderse sola. No es un niño enfermo que necesita cuidados especiales. Un cristiano hablaba una vez con un escéptico que decía no creer en la Biblia. El hombre le leyó ciertos pasajes, pero el escéptico volvió a decir: "No creo ni una palabra". El hombre siguió leyendo, hasta que finalmente el escéptico se convenció de su pecado y de su necesidad de Jesús.

El otro hombre añadió: "Cuando he probado una buena espada, sigo usándola". Eso es lo que necesitamos hoy. No es nuestro trabajo hacer que los hombres crean; ese es el trabajo del Espíritu Santo.

Él nos salvó, no por las obras de justicia que nosotros hubiéramos hecho, sino conforme a Su misericordia, por medio del lavamiento de la regeneración y la renovación por el Espíritu Santo (Tito 3:5)

Un hombre se sentó una vez a leer la Biblia durante una hora cada noche con su esposa. Después de algunas noches, se detuvo en medio de su lectura y dijo: "Esposa, si este Libro es verdad, estamos equivocados". Siguió leyendo, y al poco tiempo se detuvo de nuevo y dijo: "Esposa, si este Libro es verdad, estamos perdidos". Pegado al Libro y profundamente preocupado, continuó leyendo y pronto exclamó: "Esposa, si este Libro es verdadero, podemos salvarnos". No pasaron muchos días después de esto cuando ambos se convirtieron. Este es el gran fin del Libro: hablarnos de la gran salvación de Dios. Piénsalo: ¡un libro que puede levantar nuestros espíritus atribulados y recrearnos a la imagen de Dios!

> *La ley del Señor es perfecta, que restaura el alma; el testimonio del Señor es seguro, que hace sabio al sencillo.* (Salmo 19:7)

Es una grave responsabilidad tener la Palabra de Dios y, sin embargo, descuidar sus advertencias y rechazar sus enseñanzas. Seguir la Palabra de Dios resulta en la vida, pero rechazarla resulta en la muerte. ¿Qué pasaría si Dios quitara Su Palabra y dijera: "No te molestaré más con ella"?

> *¿Cómo escaparemos nosotros si descuidamos una salvación tan grande? La cual, después que fue anunciada primeramente por medio del Señor, nos fue confirmada por los que la oyeron.* (Hebreos 2:3)

Quizá te preguntes qué debes hacer cuando llegas a una parte de la Biblia que no puedes entender. Doy gracias a Dios porque hay una altura en ese Libro de la que no sé nada, y una profundidad que nunca he podido comprender, y eso hace que el Libro sea aún más fascinante. Si pudiera tomar ese Libro y leerlo como cualquier otro libro y entenderlo en una sola lectura, habría perdido la fe en él hace años. Es una de las pruebas más contundentes de que el Libro debe haber venido de Dios, que los hombres más sabios que han estudiado la Biblia durante cincuenta años han dejado sus plumas y han dicho: "Todavía hay mucho más que aprender de ese Libro."

"Ninguna Escritura", dijo Spurgeon, "se agota con una sola explicación. Las flores del jardín de Dios florecen, no sólo el doble, sino el séptimo; están continuamente derramando fragancia fresca."

Un hombre vino a mí con un pasaje difícil hace algún tiempo y dijo:

— Moody, ¿qué haces con eso?

No hago nada con él.

¿Cómo lo entiendes?

No lo entiendo.

—¿Cómo lo explicas?

No lo explico.

¿Qué haces con ello?

No hago nada.

No te lo crees, ¿verdad?

Oh, sí, me lo creo.

Hay muchas cosas que no entiendo, pero las creo. No sé nada de matemáticas superiores, pero creo en ellas. No entiendo la astronomía, pero creo en ella. ¿Puede decirme por qué el mismo tipo de alimento se convierte en carne, pescado, pelo, plumas, pezuñas o uñas, según el animal que lo coma? Un hombre me dijo hace tiempo que no podía creer una cosa que nunca había visto. Le dije: "Hombre, ¿has visto alguna vez tu cerebro?".

El Dr. Thomas Talmage cuenta la historia de que un

día, mientras molestaba a su profesor de teología con preguntas sobre los misterios de la Biblia, éste se volvió contra él y le dijo: "Sr. Talmage, tendrá que dejar que Dios sepa algunas cosas que usted no sabe".

Un hombre le dijo una vez a un infiel: "Los misterios de la Biblia no me molestan. Leo la Biblia de la misma forma en que me como un pescado. Cuando estoy comiendo pescado y me encuentro con una espina, no trato de tragármela; la dejo a un lado. Y cuando estoy leyendo la Biblia y me encuentro con algo que no puedo entender, digo: "Ahí hay una espina", y la dejo de lado. Pero no tiro el pescado por las espinas que tiene; y no tiro mi Biblia por algunos pasajes que no puedo explicar".

Pascal dijo: "El conocimiento humano debe ser comprendido para ser amado, pero el conocimiento divino debe ser amado para ser comprendido". Eso marca el punto de fracaso de la mayoría de los críticos de la Biblia. No hacen de su cerebro el servidor de su corazón.

¿Notaste alguna vez que las cosas de la Biblia que la gente objeta más son las mismas cosas a las que Cristo ha puesto su sello? Dicen: "Tú no crees en la historia de Noé y el diluvio, ¿verdad?". Bueno, si renuncio a esa historia, entonces debo renunciar al evangelio; debo renunciar a las enseñanzas de Jesucristo. Cristo creía en la historia de Noé, y la relacionó con su regreso a la tierra. *Tal como ocurrió en los días de Noé, así será también en los días del Hijo del Hombre.* (Lucas 17:26).

La gente dice: "Tú no crees en la historia de Lot y Sodoma, ¿verdad?". Sí, claro que lo hago, tanto como creo en las enseñanzas de Jesucristo. *Fue lo mismo que ocurrió en los días de Lot: comían, bebían, compraban, vendían, plantaban, construían; pero el día en que Lot salió de Sodoma, llovió fuego y azufre del cielo y los destruyó a todos. Lo mismo acontecerá el día en que el Hijo del Hombre sea revelado.* (Lucas 17:28 - 30).

Los burlones dicen: "No crees en la historia de la mujer de Lot, ¿verdad?". Cristo lo creía. *Acuérdense de la mujer de Lot.* (Lucas 17:32).

"No crees en la historia de Israel buscando la liberación en una serpiente de bronce, ¿verdad?" Cristo la creyó y la relacionó con su propia cruz. *Y como Moisés levantó la serpiente en el desierto, así es necesario que sea levantado el Hijo del Hombre, para que todo aquel que cree, tenga en Él vida eterna.* (Juan 3:14-15).

Dicen: "No crees que los hijos de Israel se alimentaron con el maná en el desierto, ¿verdad?". *Nuestros padres comieron el maná en el desierto, como está escrito: "Les dio a comer pan del cielo". Entonces Jesús les dijo: "En verdad les digo, que no es Moisés el que les ha dado el pan del cielo, sino que es Mi Padre el que les da el verdadero pan del cielo."* (Juan 6:31-32).

La gente dice: "¿Crees que bebieron agua que salió de una roca?". Cristo lo creyó. *Entonces Moisés levantó su mano y golpeó la peña dos veces con su vara, y brotó agua en abundancia, y bebió el pueblo y sus animales.* (Números 20:11).

Los escarnecedores dicen: "Tú no crees en la historia de Elías alimentado por la viuda, ¿verdad?". Ciertamente. Cristo dijo que había muchas viudas en Israel en los días de Elías, pero que Elías fue alimentado por una sola viuda (Lucas 4:25-26). Cristo mismo se refirió a esto. Él puso Su sello en esto. El Hijo de Dios lo creyó, ¿y acaso el discípulo estará por encima de su maestro? (Lucas 6:40).

Dicen: "Bueno, tú no crees en la historia de Jonás y la ballena, ¿verdad?". Quiero decirles que sí la creo.

Hace unos años, había un hombre que alguien pensaba que era un poco inseguro, y no querían que predicara en nuestra iglesia de Northfield. Le dije: "Pronto sabré si es sano o no".

Le pregunté:

¿Crees que el pez se tragó a Jonás?

Sí —, dijo, — lo creo.

Le dije:

— Muy bien entonces. Quiero que vengas a hablar.

Vino y dio una conferencia sobre Jonás. En Mateo, le pidieron a Jesús dos veces una señal, y Él dijo que la única señal que tendría esta generación sería la de Jonás en el vientre del pez (Mateo 12:39-40; 16:4).

> *Porque como estuvo Jonás en el vientre del*
> *monstruo marino tres días y tres noches,*
> *así estará el Hijo del Hombre tres días*
> *y tres noches en el corazón de la tierra.*
> (Mateo 12:40)

Jesús conectó eso con Su resurrección, y creo sinceramente que, si removemos lo uno, debemos remover lo otro. Cuando uno se desenvuelve en la vida y tiene quizás tantos amigos al otro lado del río como los que tiene a este lado, la historia de la resurrección le dará tanto consuelo como cualquier otra historia de la Biblia. Cristo no tenía ninguna duda sobre la historia. Dijo que Su resurrección sería una señal como la que se dio a los ninivitas. Fue el hombre resucitado, Jonás, quien caminó por las calles de Nínive. Los hombres de Nínive probablemente habían oído hablar de que Jonás fue arrojado por la borda y tragado por un gran pez.

Creo que es un golpe maestro de Satanás para hacernos dudar de la resurrección, pero estos filósofos modernos han hecho un descubrimiento. Dicen que la garganta de una ballena no es más grande que el puño de un hombre, y que es una imposibilidad física que una ballena se trague a un hombre. El libro de Jonás dice que el Señor designó a un gran pez para que se tragara a Jonás (Jonás 1:17). ¿No podría Dios hacer un pez lo suficientemente grande como para tragarse a Jonás? Si Dios pudo crear un mundo y todos los animales que hay en él, creo que podría crear un pez lo suficientemente grande como para tragarse a un millón de hombres. Como dijo una mujer: "¿No podría Él, si quisiera, preparar un hombre que pudiera tragarse una ballena?"

Pero Jesús les respondió: "Están equivocados por no comprender las Escrituras ni el poder de Dios." (Mateo 22:29)

Un par de estos filósofos modernos estaban navegando hacia Europa hace algún tiempo, y un amigo mío escocés, que estaba a bordo y conocía bastante bien su Biblia. Empezaron a hablar de la Biblia, y uno de ellos dijo:

Soy un hombre científico, y he hecho alguna

investigación de ese Libro, y he mirado algunas de las declaraciones en él, las he examinado, y declaro que son falsas. Hay una declaración en la Biblia que dice que el burro de Balaam habló. Me he esforzado en examinar la boca de un burro, y por cómo está formada es imposible que pueda hablar.

Mi amigo aguantó todo lo que pudo y luego dijo:

Bueno, señor, entonces si usted hace el burro y yo lo haré hablar.

¡La idea de que Dios no podía hablar por la boca de un burro!

> *Entonces el Señor abrió la boca del asna, la cual dijo a Balaam: "¿Qué te he hecho yo que me has golpeado estas tres veces?"... Entonces el Señor abrió los ojos de Balaam, y él vio al ángel del Señor de pie en el camino, con la espada desenvainada en su mano, e inclinándose, se postró rostro en tierra.* (Números 22:28, 31)

Capítulo 3

Toda La Palabra De Dios Es Verdadera

Hay otra clase de personas que sólo quieren creer en una parte de la Biblia. Es muy popular que la gente diga: "Sí, creo en la Biblia, pero no en las partes sobrenaturales. Creo todo, pero basado en la razón". Siguen leyendo la Biblia con una tijera, recortando esto y aquello. Ahora bien, si yo tengo derecho a recortar una determinada parte de la Biblia, no sé por qué uno de mis amigos no tiene derecho a recortar otra, y otro amigo a recortar otra parte, y así sucesivamente. Tendríamos una Biblia extraña si cada uno recortara lo que quisiera. Cada adúltero cortaría todo lo que tiene que ver con el adulterio; cada mentiroso cortaría todo lo que tiene que ver con la mentira; cada borracho cortaría lo que no le gusta.

Y así ustedes invalidaron la palabra de

> *Dios por causa de su tradición. ¡Hipócritas!*
> *Bien profetizó Isaías de ustedes cuando*
> *dijo: "Este pueblo con los labios me honra,*
> *pero su corazón está muy lejos de Mí.*
> *Pues en vano me rinden culto, enseñando*
> *como doctrinas preceptos de hombres".*
> (Mateo 15:6-9)

Un caballero llevó una vez su Biblia a su pastor y le dijo:

Esta es su Biblia.

¿Por qué la llama mi Biblia?—, preguntó el pastor.

Bueno —, respondió el caballero, — he estado sentado bajo su predicación durante cinco años, y cada vez que usted decía que algo en la Biblia no era cierto, lo recortaba.

Tenía alrededor de un tercio de la Biblia recortada: todo Job, todo el Eclesiastés y el Apocalipsis, y mucho más. El pastor quería que dejara la Biblia con él; no quería que el resto de su congregación la viera. Pero el hombre dijo:

—¡Oh, no! Todavía me quedan las cubiertas, y me aferraré a ellas.

Y se fue, aferrándose a ellas.

Si usted creyera lo que algunos hombres predican, en pocos meses no le quedaría más que las cubiertas. A menudo he dicho que si voy a tirar la Biblia, la tiraré toda al fuego de una vez. No hay necesidad de esperar cinco años para hacer lo que se puede hacer igual de bien de una vez. Todavía no he encontrado un hombre que empiece a hurgar en la Biblia que no la haga pedazos en poco tiempo.

Hace un tiempo conocí a un pastor que me dijo: "Moody, he dejado de predicar, excepto de los cuatro Evangelios. Ya no predico de las Epístolas del Nuevo Testamento, ni del Antiguo Testamento; no sé por qué no puedo ir a la fuente y predicar como lo hizo Pablo. Creo que los Evangelios son todo lo que hay de auténtico". No pasó mucho tiempo antes de que renunciara también a los cuatro Evangelios, y finalmente dejó el ministerio. Abandonó la Biblia, y Dios lo abandonó a él.

Probada es toda la Palabra de Dios.
(Proverbios 30:5)

A un profeta que había sido enviado a una ciudad para advertir a los malvados se le ordenó no comer carne dentro de los muros de la ciudad. Después fue engañado para que lo hiciera por un viejo profeta, que le dijo que un ángel había venido a él y le había dicho que podía volver y comer con él. Ese profeta fue destruido por un león por su desobediencia (1 Reyes 13). Si un ángel viene y cuenta una historia diferente a la del Libro, no lo creas. Estoy harto de que la gente siga a los hombres. Está escrito: *Pero si aun nosotros, o un ángel del cielo, les anunciara otro evangelio contrario al que les hemos anunciado, sea anatema* (Gálatas 1:8). ¿Crees que podemos desobedecer impunemente la Palabra de Dios cuando tenemos más luz ante nosotros que la que tenía aquel profeta?

Pues la palabra está muy cerca de ti, en tu boca y en tu corazón, para que la guardes.

> *"Mira, yo he puesto hoy delante de ti la vida y el bien, la muerte y el mal. Hoy te ordeno amar al Señor tu Dios, andar en Sus caminos y guardar Sus mandamientos, Sus estatutos y Sus decretos, para que vivas y te multipliques, a fin de que el Señor tu Dios te bendiga en la tierra que vas a entrar para poseerla. Pero si tu corazón se desvía y no escuchas, sino que te dejas arrastrar y te postras ante otros dioses y los sirves, Yo les declaro hoy que ciertamente perecerán. No prolongarán sus días en la tierra adonde tú vas, cruzando el Jordán para entrar en ella y poseerla."* (Deuteronomio 30:14-18)

Es una declaración muy absurda que alguien diga que no tendrá nada que ver con los milagros y que no creerá en lo sobrenatural. Si van a rechazar lo sobrenatural, más vale que quemen sus Biblias de una vez. Si quitan lo sobrenatural de ese Libro, han quitado a Jesucristo; han quitado la mejor parte del Libro. No hay ninguna parte de la Biblia que no enseñe cosas sobrenaturales. En el Génesis dice que Abraham cayó sobre su rostro y Dios habló con él. Eso es sobrenatural. Si eso no tuvo lugar, entonces el hombre que escribió el Génesis escribió una mentira, y el Génesis desaparece. En el Éxodo se encuentran las diez plagas que cayeron sobre Egipto. Si eso no es cierto, entonces el escritor del Éxodo era un mentiroso. Luego en Levítico se dice que el fuego consumió a los dos hijos de Aarón. Eso fue un evento sobrenatural, y si eso no fue cierto, entonces debemos desechar todo el Libro.

Entonces el Señor dijo a Moisés: "Dile a Aarón: 'Extiende tu vara y golpea el polvo de la tierra para que se convierta en piojos por toda la tierra de Egipto'". Y así lo hicieron. Aarón extendió su mano con su vara, y golpeó el polvo de la tierra, y hubo piojos en hombres y animales. Todo el polvo de la tierra se convirtió en piojos por todo el país de Egipto.

Los magos trataron de producir piojos con sus encantamientos, pero no pudieron. Hubo, pues, piojos en hombres y animales. Entonces los magos dijeron a Faraón: "Este es el dedo de Dios". (Éxodo 8:16-19a)

En Números está la historia de la serpiente de bronce. Y así con cada libro del Antiguo Testamento; no hay uno en el que no se encuentre algo sobrenatural. Los Evangelios contienen más cosas sobrenaturales que cualquier otra porción de la Biblia. Quinientos años antes de Su nacimiento, el ángel Gabriel bajó y le dijo a Daniel que Él nacería: *todavía estaba yo hablando en oración, cuando Gabriel, el hombre a quien había visto en la visión al principio, se me acercó, estando yo muy cansado, como a la hora de la ofrenda de la tarde.* (Daniel 9:21). De nuevo, Gabriel bajó a Nazaret y le dijo a la virgen María que sería la madre del Salvador. *Y el ángel le dijo: "No temas, María, porque has hallado gracia delante de Dios. Concebirás en tu seno y darás a luz un Hijo, y le pondrás por nombre Jesús."* (Lucas 1:30-31).

También encontramos que el ángel entró en el templo y le dijo a Zacarías que iba a ser el padre de Juan el Bautista, el precursor del Mesías; Zacarías quedó mudo durante nueve meses a causa de su incredulidad (Lucas 1:5-25). Luego, cuando nació Cristo, encontramos que los ángeles se aparecieron a los pastores en Belén, anunciándoles el nacimiento del Salvador: *Pero el ángel les dijo: "No temáis, porque he aquí que os traigo una buena noticia de gran alegría, que será para todo el pueblo; porque hoy os ha nacido un Salvador, que es Cristo el Señor, en la ciudad de David."* (Lucas 2:10-11).

El hecho de que los magos del Oriente vieran la estrella en el oriente y la siguieran fue seguramente sobrenatural (Mateo 2:1-12). También lo fue la advertencia que Dios envió a José en un sueño, diciéndole que huyera a Egipto (Mateo 2:13). También lo fue el hecho de que nuestro Señor entrara en el templo a la edad de doce años, discutiera con los eruditos y estuviera a la altura de todos ellos (Lucas 2:46-49). Así fueron las circunstancias de Su bautismo, cuando Dios habló desde el cielo.

> *Después de ser bautizado, Jesús salió del agua inmediatamente; y los cielos se abrieron en ese momento y él vio al Espíritu de Dios que descendía como una paloma y venía sobre Él. Y se oyó una voz de los cielos*

que decía: "Este es Mi Hijo amado en quien me he complacido". (Mateo 3:16-17)

Durante tres años y medio, Jesús recorrió las calles y carreteras de Israel. Piensa en los muchos y maravillosos milagros que realizó durante esos años. Un día le habló al leproso y éste quedó sano. Otro día le habló al mar, y éste le obedeció. Cuando murió, el sol se negó a mirar la escena; este viejo mundo lo reconoció y se tambaleó y se balanceó como un borracho. Cuando rompió las vendas de la muerte y salió del sepulcro de José, eso fue sobrenatural.

En su sermón "El Tiempo de la Reforma", Christmas Evans, el gran predicador galés, dijo: "Muchas reformas han expirado con los reformadores. Pero nuestro Gran Reformador 'siempre vive' para llevar a cabo su reforma, hasta que sus enemigos se conviertan en el estrado de sus pies, y la muerte y el infierno sean arrojados al lago de fuego". Gracias a Dios no adoramos a un judío muerto. Si adoráramos a un judío muerto, no habríamos sido vivificados y recibido la vida en nuestras almas. Agradezco a Dios que nuestro Cristo es un Cristo sobrenatural y que este Libro es un Libro sobrenatural; y además le agradezco a Dios que vivo en un país tan libre que todas las personas pueden tener y leer este libro.

Algunos piensan que somos unos ilusos, que esto es imaginación. Pues bien, es una imaginación gloriosa, ¿no es así? A mí me ha durado entre treinta y cuarenta años, y creo que va a durar mientras viva y seguirá cuando vaya al otro mundo.

Cuando Pablo escribió a Timoteo que toda la Escritura fue dada por inspiración de Dios y es provechosa (2 Timoteo 3:16), quiso decir lo que dijo. "Bueno", dicen algunos, "¿crees que toda la Escritura es dada por inspiración?". Sí, cada palabra de ella; pero no creo que todas las acciones e incidentes que relata hayan sido inspirados. Por ejemplo, cuando el Diablo dijo una mentira, no fue inspirado para decir una mentira, y cuando un hombre malvado como Acab dijo algo, no fue inspirado; pero alguien fue inspirado para escribirlo, y así todo fue dado por inspiración y es provechoso.

La inspiración debe haber sido verbal en muchos casos, si no en todos. En cuanto a la salvación por medio de los sufrimientos de Cristo, Pedro nos dice:

> *Acerca de esta salvación, los profetas que profetizaron de la gracia que vendría a ustedes, diligentemente inquirieron y averiguaron, procurando saber qué persona o tiempo indicaba el Espíritu de Cristo dentro de ellos, al predecir los sufrimientos de Cristo y las glorias que seguirían. A ellos les fue revelado que no se servían a sí mismos, sino a ustedes, en estas cosas que ahora les han sido anunciadas mediante los que les predicaron el evangelio por el Espíritu Santo enviado del cielo; cosas a las cuales los ángeles anhelan mirar.* (1 Pedro 1:10-12)

Los propios profetas tuvieron que indagar y buscar

diligentemente sobre las palabras que pronunciaron bajo la inspiración del Espíritu.

Un hombre le dijo a un joven converso: "¿Cómo puedes probar que la Biblia es inspirada?".

Él respondió: "Porque me inspira a mí".

Creo que esa es una prueba bastante buena. Deja que la Palabra de Dios entre en tu alma, y te inspirará; no puede evitarlo.

> *"¿No es Mi palabra como fuego", declara el Señor, "y como martillo que despedaza la roca?".* (Jeremías 23:29)

Capítulo 4

No Descuides El Antiguo Testamento

Quiero mostrar lo absurdo que es que la gente diga que cree en el Nuevo Testamento pero no en el Antiguo. Es un hecho muy interesante que, de los treinta y nueve libros del Antiguo Testamento, nuestro Señor citó nada menos que veintidós de ellos. Es muy posible que haya citado de todos ellos, ya que los Evangelios sólo contienen una pequeña parte de lo que dijo e hizo. El apóstol Juan nos dice que el mundo apenas podría contener los libros que se podrían escribir si se registraran todos los dichos y acciones de nuestro Señor. Alrededor de 850 pasajes del Antiguo Testamento son citados o aludidos en el Nuevo, y sólo unos pocos aparecen más de una vez.

Y hay también muchas otras cosas que Jesús hizo, que si se escribieran en detalle,

pienso que ni aun el mundo mismo podría contener los libros que se escribirían.
(Juan 21:25)

En el evangelio de Mateo hay más de 100 citas de veinte libros del Antiguo Testamento. En el evangelio de Marcos hay quince citas tomadas de trece de los libros del Antiguo Testamento. En el evangelio de Lucas hay treinta y cuatro citas de trece libros. En el evangelio de Juan hay once citas de seis libros. Sólo en los cuatro Evangelios hay más de 160 citas del Antiguo Testamento. A veces se oye decir a los hombres que no creen en toda la Biblia, pero que creen en las enseñanzas de Jesucristo en los cuatro Evangelios. Bueno, si creo eso tengo que aceptar estas 160 citas del Antiguo Testamento. En la carta de Pablo a los Corintios hay cincuenta y tres citas del Antiguo Testamento; a veces toma párrafos enteros de él. En los trece capítulos del libro de Hebreos hay ochenta y cinco citas del Antiguo Testamento. En Gálatas hay dieciséis citas. Sólo en el libro del Apocalipsis hay 245 citas y alusiones.

Mucha gente quiere desechar el Antiguo Testamento. Es una buena lectura histórica, dicen, pero no creen que sea una parte de la Palabra de Dios, y no lo consideran esencial en el esquema de la salvación. La última carta que escribió Pablo contenía las siguientes palabras: *Desde la niñez has sabido las Sagradas Escrituras, las cuales te pueden dar la sabiduría que lleva a la salvación mediante la fe en Cristo Jesús.* (2 Timoteo 3:15). Las Escrituras que los apóstoles poseían eran el Antiguo Testamento.

Cuando los escépticos atacan las verdades del Antiguo

Testamento, algunos cristianos encuentran conveniente decir: "Bueno, no respaldamos todo lo que está en el Antiguo Testamento", y así evitan un argumento en defensa de las Escrituras. Es muy importante que todo cristiano conozca y acepte lo que enseña el Antiguo Testamento, porque en él se basa la verdad. Pedro dijo que las Escrituras no fueron dadas por ninguna interpretación privada, y cuando escribió de las Escrituras, se refería al Antiguo Testamento.

> *Y así tenemos la palabra profética más segura, a la cual ustedes hacen bien en prestar atención como a una lámpara que brilla en el lugar oscuro, hasta que el día despunte y el lucero de la mañana aparezca en sus corazones. Pero ante todo sepan esto, que ninguna profecía de la Escritura es asunto de interpretación personal, pues ninguna profecía fue dada jamás por un acto de voluntad humana, sino que hombres inspirados por el Espíritu Santo hablaron de parte de Dios.* (2 Pedro 1:19-21)

Si las Escrituras del Antiguo Testamento no fueran ciertas, ¿crees que Cristo se habría referido a ellas tan a menudo y habría dicho que las Escrituras deben cumplirse?

> *Después Jesús les dijo: «Esto es lo que Yo les decía cuando todavía estaba con ustedes: que era necesario que se cumpliera todo*

lo que sobre Mí está escrito en la ley de Moisés, en los profetas y en los Salmos».
(Lucas 24:44)

Sabiendo que Él podía llamar a los ángeles del cielo para que intercedieran en Su nombre si Él así lo decidía, Jesús dijo: *Pero, ¿cómo se cumplirían entonces las Escrituras que dicen que así debe suceder?* (Mateo 26:54). Cristo se entregó como sacrificio para que se cumplieran las Escrituras. Fue contado con los transgresores (Marcos 15:28; Lucas 22:37). Cuando habló con dos de sus discípulos en el camino a Emaús después de su resurrección, les preguntó: *¿No era necesario que el Cristo padeciera todas estas cosas y entrara en Su gloria?* (Lucas 24:26). Lucas añade: *Comenzando por Moisés y continuando con todos los profetas, les explicó lo referente a Él en todas las Escrituras.* (Lucas 24:27), pues el único tema del Antiguo Testamento es el Mesías.

El Salmo 40:7 dice: *En el rollo del libro está escrito de mí*. "¿Qué libro?", pregunta Martín Lutero, "¿y qué persona? Sólo hay un libro: la Biblia; y sólo una persona: Jesucristo". Cristo se refirió a las Escrituras y al cumplimiento de las mismas en Él, no sólo después de haber resucitado, sino también en el cielo, según el libro del Apocalipsis. Habló de ellas a Juan en la Isla de Patmos, y utilizó las mismas Escrituras que los hombres ahora tratan de rechazar. Jesús nunca encontró faltas ni rechazó el Antiguo Testamento.

Si Jesucristo pudo usar el Antiguo Testamento, usémoslo nosotros. ¡Que Dios nos libre del cristiano unilateral que sólo lee el Nuevo Testamento y habla en contra del Antiguo!

Capítulo 5

La Palabra De Dios Permanece Para Siempre

Cristo, hablando de la ley, dijo: *Porque en verdad les digo que hasta que pasen el cielo y la tierra, no se perderá ni la letra más pequeña ni una tilde de la ley hasta que toda se cumpla* (Mateo 5:18). En otro lugar dijo: *El cielo y la tierra pasarán, pero mis palabras no pasarán* (Mateo 24:35). Ahora, tengamos en cuenta que la única Escritura que tenían los apóstoles y Cristo era el Antiguo Testamento. El Nuevo Testamento aún no estaba escrito. También podemos llamarlos el antiguo y el nuevo pacto. Ni la más pequeña letra o trazo pasará de la Ley hasta que todo se cumpla - el antiguo pacto; y entonces Cristo viene y añade estas palabras: El cielo y la tierra pasarán, pero mis palabras no pasarán - el nuevo pacto.

Observen cómo se ha cumplido. No había ningún reportero que siguiera a Jesús escribiendo Sus palabras.

No había periódicos que imprimieran los sermones, y no habrían impreso Sus sermones si hubiera habido periódicos; toda la iglesia y todo el mundo religioso estaban en contra de Él. Puedo imaginar a uno de esos modernos librepensadores de pie cerca de Él, y oye a Cristo decir: "El cielo y la tierra pasarán, pero mis palabras no pasarán". Veo la mirada de desprecio en su rostro mientras dice: "¡Oye a ese campesino judío hablar! ¿Habéis oído alguna vez semejante engreimiento, semejante locura? Dice que el cielo y la tierra pasarán, pero Sus palabras no pasarán".

Amigo mío, quiero hacerte esta pregunta: ¿han pasado? Hay más Biblias hoy que nunca antes en la historia del mundo. Se han impreso más Biblias en los últimos diez años que en los mil ochocientos años anteriores. En la Edad Media trataron de encadenar la Biblia y mantenerla alejada de las naciones, pero Dios la ha preservado, y las sociedades bíblicas británicas y americanas imprimen miles de Biblias cada día. Una editorial de Nueva York vendió cien mil Biblias de Oxford el año pasado.

A pesar de todo lo que los escépticos e infieles dicen contra el antiguo Libro, éste sigue prosperando. Estos objetores me recuerdan a un perro ladrando a la luna; la luna sigue brillando igual. Los ateos siguen escribiendo contra la Biblia, pero no avanzan mucho, ¿verdad? La Biblia se difunde por todas partes, silenciosamente, y sin ningún toque de trompetas. El faro no toca ninguna trompeta, sino que sigue iluminando por todas partes. Así, la Biblia está iluminando a las naciones de la tierra. Se dice que una vez le preguntaron a un conferencista secular ateo: "¿Por qué no pueden dejar en paz a la Biblia si no creen en ella?". La respuesta honesta se dio de inmediato: "Porque la Biblia no me deja en paz".

La Biblia fue casi el primer libro que se imprimió, y hoy en día, los Nuevos Testamentos se imprimen en 353 idiomas diferentes y llegan a todos los rincones de la tierra.[1] Donde no se ha traducido la Biblia, el pueblo no tiene literatura. No pasará mucho tiempo antes de que las palabras de Jesucristo penetren en las partes más oscuras de la tierra y en las islas más oscuras del mar. Cuando Cristo dijo que la Escritura no puede ser quebrantada (Juan 10:35), quiso decir cada palabra que dijo. El Diablo, el hombre y el infierno se han unido por siglos para tratar de destruir la Palabra de Dios, pero no pueden hacerlo. Si puedes pararte sobre la Palabra de Dios, tienes una base sólida para el tiempo y la eternidad. *El cielo y la tierra pasarán, pero Mis palabras no pasarán.* Mis amigos, esa Palabra va a vivir, y no hay poder en el infierno o en la tierra que pueda destruirla.

Necesitamos gente hoy que crea en la Biblia desde la coronilla de sus cabezas hasta la planta de sus pies. Necesitamos gente que crea en toda ella - las cosas que entienden, y las cosas que no entienden. Que hablen de las cosas que entienden, y acepten las que no. Necesitamos estudiar toda la Biblia. Hay muchos cristianos que conocen un libro de la Biblia, pero no conocen el resto de la Biblia. Cuando fui a Escocia tuve

---

[1] Según Wycliffe Bible Translators, en 2015, más de 1.300 idiomas tienen acceso al Nuevo Testamento y a algunas porciones de las Escrituras en su idioma. Más de 550 idiomas tienen la Biblia completa traducida. Hasta 180 millones de personas aún necesitan que la traducción de la Biblia comience en su idioma (*www.wycliffe.org/about/why*).

que tener mucho cuidado al citar la Biblia. Allí parecían conocer toda la Biblia, y alguien me decía después de la reunión si había citado mal algún versículo.

Capítulo 6

Precisa Ayer, Hoy Y Mañana

No conozco nada que moleste más a un escéptico honesto que las profecías cumplidas. Hay muy pocos cristianos que piensan en estudiar este tema. Dicen que las profecías son misteriosas, y que a veces es difícil estar seguro de que se han cumplido. La Biblia no dice que la profecía sea un tema difícil que deba evitarse, sino que *tenemos la palabra profética más segura, a la cual ustedes hacen bien en prestar atención como a una lámpara que brilla en el lugar oscuro, hasta que el día despunte y el lucero de la mañana aparezca en sus corazones* (2 Pedro 1:19). La profecía es la historia no cumplida, y la historia es la profecía cumplida.

Cuando era niño, me enseñaron que todo lo que había más allá del río Mississippi era el gran desierto americano. Pero cuando la primera piqueta golpeó en la veta de Comstock y sacaron más de cien millones de dólares en plata, la nación se dio cuenta de que no había ningún desierto; y hoy esa parte del país - Nevada,

Colorado, Utah y otros estados del oeste - es una de las más valiosas que poseemos. Piensa en las bulliciosas ciudades y los florecientes estados que han surgido entre las montañas. Lo mismo ocurre con muchas porciones de la Biblia, pero la gente nunca piensa en leerlas. Sólo viven de unos pocos versículos y capítulos. La mayor parte de la Biblia fue escrita por profetas, y sin embargo no se oye a menudo un sermón sobre profecía.

Entre quinientas y seiscientas profecías del Antiguo Testamento se han cumplido notable y literalmente, y doscientas de ellas sólo en lo que se refiere a Jesucristo. No le ocurrió nada a Jesucristo que no estuviera profetizado desde mil setecientos hasta cuatrocientos años antes de que naciera.

Los profetas también hablaron de naciones y ciudades. Toma las cuatro grandes ciudades que existían en los días en que se escribió el Antiguo Testamento, y encontrarás que las profecías relativas a ellas se han cumplido al pie de la letra. Permíteme dirigir tu atención sobre algunos pasajes.

Primero, con respecto a Babilonia:

> *Y Babilonia, hermosura de los reinos, gloria del orgullo de los caldeos, será como cuando Dios destruyó a Sodoma y a Gomorra. Nunca más será poblada ni habitada de generación en generación. No pondrá tienda allí el árabe, ni los pastores harán descansar allí sus rebaños; Sino que allí descansarán los moradores del desierto, y sus casas estarán llenas de búhos. También*

habitarán allí los avestruces, y allí brincarán las cabras peludas. En sus torres fortificadas aullarán las hienas y en sus lujosos palacios los chacales. Está próximo a llegar su tiempo, y sus días no se prolongarán.
(Isaías 13:19-22)

Y otra vez:

La palabra que el Señor habló acerca de Babilonia, la tierra de los caldeos, por medio del profeta Jeremías: "Anúncienlo entre las naciones y háganlo oír; levanten estandarte, háganlo oír. No lo oculten, sino digan: 'Ha sido tomada Babilonia, está avergonzado Bel, destrozado Merodac; han sido avergonzadas sus imágenes, destrozados sus ídolos'. Porque ha subido contra ella una nación del norte que hará de su tierra objeto de horror, y no habrá habitante en ella. Tanto hombres como animales habrán huido, se habrán ido... A causa del enojo del Señor, no será habitada, sino que estará desolada toda ella; Todo el que pase por Babilonia se quedará atónito y silbará a causa de todas sus heridas... ¡Cómo ha sido cortado y quebrado el martillo de toda la tierra! ¡Cómo se ha convertido Babilonia en objeto de horror entre las naciones! Babilonia, te puse lazo, y fuiste atrapada, y tú no te diste cuenta; has sido sorprendida

> *y apresada porque te pusiste a provocar al
> Señor".* (Jeremías 50:1-3, 13, 23-24)

Cien años antes de que Nabucodonosor subiera al trono, los profetas de Dios predijeron cómo sería destruida Babilonia, y así fue. Los eruditos nos dicen que la ciudad se encontraba en medio de una gran llanura fructífera. Estaba rodeada por una muralla de sesenta millas de circunferencia. Cada lado de la plaza tenía veinte puertas de bronce sólido, y en cada esquina había una torre fuerte, diez pies más alta que el muro. La muralla tenía ochenta y siete pies de ancho y trescientos cincuenta de alto. Estas cifras nos dan una idea de la importancia de Babilonia, aunque ahora no quedan más que ruinas que nos hablan de su antigua grandeza. Cuando Babilonia estaba en su gloria y era conocida como la reina de la tierra, los profetas predijeron que sería destruida; ¡Esto se cumplió literalmente!

Un amigo que atravesaba el valle del Éufrates intentó que su guía montara su tienda cerca de las ruinas, pero el guía no quiso quedarse allí.

Ahora toma Nínive:

> *Echaré sobre ti inmundicias, te haré despreciable, y haré de ti un espectáculo. Y sucederá que todo el que te vea huirá de ti, y dirá: "¡Asolada está Nínive! ¿Quién llorará por ella? ¿Dónde te buscaré consoladores?"*
> (Nahúm 3:6-7)

¿Cómo vas a cubrir la ciudad? Te arrojaré inmundicia.

¿Cómo vas a echar inmundicia sobre la ciudad? Durante veinticinco años, Nínive estuvo enterrada y una inmundicia abominable yacía sobre ella, pero ahora han desenterrado las ruinas y las han llevado a París y a Londres. Puedes ir al Museo Británico, y gente de todo el mundo está allí mirando los artefactos de las ruinas de Nínive. Es tal y como los profetas profetizaron. Durante doscientos años, Nínive estuvo enterrada; pero ya no está enterrada.

Entonces mira a Tiro:

> *Por tanto, así dice el Señor Dios: "Yo estoy contra ti, Tiro, y haré subir contra ti muchas naciones, como el mar hace subir sus olas. Y destruirán las murallas de Tiro y demolerán sus torres; barreré de ella sus escombros y la haré una roca desnuda. Será tendedero de redes en medio del mar, porque Yo he hablado", declara el Señor Dios, "y ella será despojo para las naciones."*
> (Ezequiel 26:3-5)

Charles Coffin, que fue corresponsal del *Boston Journal* durante la Guerra Civil, viajó por el mundo en 1868 una vez terminada la guerra. Una noche llegó al lugar de la antigua Tiro, y dijo que el sol se estaba poniendo, e hizo que su guía montara su tienda justo al lado de las ruinas, donde las rocas estaban desnudas. Coffin sacó su Biblia y leyó donde dice: "Será un lugar para tender las redes". Dijo que los pescadores habían terminado de pescar y estaban tendiendo sus redes en las rocas de

Tiro, precisamente como se había profetizado cientos y cientos de años antes. Recuerden, cuando profetizaron contra estas grandes ciudades, las ciudades eran como Londres, París y Nueva York en su gloria; pero su gloria ha desaparecido.

Ahora tome la profecía con respecto a Jerusalén:

Cuando Jesús se acercó, al ver la ciudad, lloró sobre ella, diciendo: ¡Si tú también hubieras sabido en este día lo que conduce a la paz! Pero ahora está oculto a tus ojos. Porque sobre ti vendrán días, cuando tus enemigos echarán terraplén delante de ti, te sitiarán y te acosarán por todas partes.
(Lucas 19:41-43)

¿No hizo esto Tito? ¿No hizo eso mismo el emperador romano? También sucedió como dijo Jesús a continuación: *Te derribarán a tierra, y a tus hijos dentro de ti, y no dejarán en ti piedra sobre piedra, porque no conociste el tiempo de tu visitación* (Lucas 19:44).

He leído de dos rabinos que subieron a Jerusalén y vieron una zorra jugando en la pared. Un rabino se puso a llorar al ver la desolación de Sión. El otro rabino sonrió y lo reprendió, diciendo que esto era una prueba de que la Palabra de Dios era verdadera, y que ésta era una de las profecías que se cumplirían: *Porque el monte Sión está asolado; las zorras merodean en él* (Lamentaciones 5:18). También se dijo que Jerusalén sería como un campo arado (Miqueas 3:12). Esta profecía también se ha cumplido. La ciudad moderna está tan restringida que fuera de las murallas, donde estaba parte de la ciudad antigua, se ha utilizado el arado.

Ahora tomemos las profecías relativas a Egipto:

Será el más humilde de los reinos y jamás se levantará sobre las naciones. Los empequeñeceré para que no dominen a las naciones. (Ezequiel 29:15)

Egipto estaba en su gloria cuando se profetizó esto. Era un imperio grande y poderoso, pero desde entonces ha perdido su gloria.

Ahora mire las profecías relacionadas con el pueblo judío:

La profecía de Balaam con respecto a los judíos ya se ha cumplido en gran medida: *Este es un pueblo que mora aparte, y que no será contado entre las naciones. ¿Quién puede contar el polvo de Jacob, o numerar la cuarta parte de Israel?* (Números 23:9-10).

Mucha gente no quería que los judíos fueran contados entre las naciones. Sin embargo, hay algo en el aspecto y las costumbres de este pueblo que Dios sigue perpetuando, y son testigos en todas las tierras de la verdad de la Biblia.

La raza judía ha permanecido todos estos siglos separada y distinta de las demás naciones. En América, hay toda clase de nacionalidades, pero el judío es tan judío como lo era cuando llegó aquí hace cien años. Vean cómo la raza ha sido perseguida, y sin embargo los judíos no pueden ser reprimidos. Egipto, Edom, Asiria, Babilonia, Persia, Roma, y todas las naciones principales de la tierra han tratado de aplastar a los judíos. Federico el Grande dijo: "No los toquen, porque nadie lo ha hecho y ha prosperado".

> *Y el Señor dijo a Abram: "Vete de tu tierra, de entre tus parientes y de la casa de tu padre, a la tierra que Yo te mostraré. Haré de ti una nación grande, y te bendeciré, engrandeceré tu nombre, y serás bendición. Bendeciré a los que te bendigan, y al que te maldiga, maldeciré. En ti serán benditas todas las familias de la tierra."*
> (Génesis 12:1-3)

El pueblo es el mismo ahora que en los días del Faraón, cuando intentó destruir a todos los hijos varones (Éxodo 1:15-22). La profecía se ha cumplido. Dios ha hecho que la nación sea numerosa y esté unida. Se acerca el momento en que Dios restablecerá a los Judíos.[2] *Porque por muchos días los israelitas quedarán sin rey y sin príncipe, sin sacrificio y sin pilar sagrado, sin efod y sin ídolos domésticos.* (Oseas 3:4). ¿No están sin rey, sin nación y sin sacrificio? ¿No están dispersos entre las naciones de la tierra, un pueblo separado y distinto? Y no se inclinan ante los ídolos. Crucificaron a su último Rey, y nunca tendrán otro hasta que lo restauren. Era Jesucristo, como está inscrito en su cruz, "El Rey de los Judíos".

---

2   Moody escribió esto, por supuesto, antes de 1948, cuando Israel volvió a ser una nación y se cumplió esta profecía.

Pilato también escribió un letrero y lo puso sobre la cruz. Y estaba escrito: «JESÚS EL NAZARENO, EL REY DE LOS JUDÍOS».
(Juan 19:19)

Hay muchas otras profecías en la Biblia. Vemos cómo se profetizó que Elí iba a sufrir (1 Samuel 2:27-36). Era el propio sumo sacerdote de Dios, y la única cosa en su contra era que no obedecía la palabra de Dios con fidelidad y diligencia. Era como mucha gente hoy en día. Era uno de esos ancianos bonachones que no quieren incomodar a la gente diciendo cosas desagradables, así que dejó que sus dos hijos siguieran en el pecado y no los refrenó. Era igual que algunos Pastores. Oh, que todo Pastor diga la verdad, aunque se precie de estar en desgracia con su pueblo. Todo fue bien durante veinte años, pero entonces se cumplió la profecía. El arca de Dios fue tomada, y el ejército de Israel fue derrotado por los filisteos. Ofni y Finees, los dos hijos del anciano Elí, fueron asesinados, y cuando el anciano se enteró, se echó atrás en su silla, se rompió el cuello y murió.

Así sucedió con el rey Acab, que siguió el consejo pecaminoso de Jezabel. Nabot no quiso venderle ese pedazo de tierra, así que lo sacaron del camino. Tres años después, los perros lamieron la sangre de Acab de su carro en el mismo lugar donde la sangre de Nabot había sido derramada de forma asesina (1 Reyes 21:19; 22:34-38).

Capítulo 7

Dales La Palabra De Dios

He aquí un consejo para los jóvenes que tienen sus ojos puestos en el ministerio. Si siguen mi consejo no harán sus sermones a partir de textos al azar, sino que predicarán directamente a través de un libro de la Biblia. Creo que lo que este país necesita es la Palabra de Dios. No hay ningún libro que atraiga a la gente como la Biblia. Uno de los profesores de una universidad de Chicago dio varias conferencias sobre el libro de Job, y no había un edificio lo suficientemente grande para albergar a la gente. Si la Biblia tiene la oportunidad de hablar por sí misma, interesará a la gente. Estoy harto de los ensayos acerca de la moral. Se necesitaría una tonelada de ellos para convertir a un niño de cinco años.

Un hombre hablaba una vez de cierta iglesia, y dijo que le gustaba porque el predicador nunca hablaba de política ni de religión, sino que se limitaba a leer bonitos ensayos. Hay que dar a la gente la Palabra de

Dios. Algunos hombres solo usan la Biblia como un libro para buscar textos. Consiguen un texto y se van. Empiezan leyendo un versículo o dos de la Biblia, y luego empiezan a hablar de sus propios temas y nunca llegan a predicar lo que dice la Palabra de Dios. Hablan de astronomía y geología, añaden algunas noticias o entretenimiento, y el próximo domingo siguen de la misma manera, y luego se preguntan por qué es que la gente no lee sus Biblias.

Solía pensar que Charles Spurgeon era uno de los mejores predicadores que he conocido, pero preferiría oírle explicar las Escrituras que escuchar todos sus sermones. ¿Por qué el Dr. John Hall ha tenido su congregación tanto tiempo? Abre su Biblia y la explica. ¿Cómo es que Andrew Bonar mantuvo su audiencia en Glasgow? Tenía una voz débil y la gente apenas podía oírle, pero mil trescientas personas entraban en su iglesia dos veces cada sábado. Muchos de ellos tomaban notas, y se iban a casa y enviaban sus sermones a todo el mundo. El Dr. Bonar tenía la costumbre de guiar a su congregación a través del estudio de la Biblia, libro por libro. No había una parte de la Biblia en la que no pudiera encontrar a Cristo. Prediqué cinco meses en Glasgow, y no había un barrio o distrito en la ciudad en el que no encontrara la influencia de ese hombre.

Yo estaba en Londres en 1884 y un respetado abogado había venido de Edimburgo. Dijo que había ido a Glasgow unas semanas antes para pasar un domingo allí, y que tuvo la suerte de escuchar a Andrew Bonar. Dijo que casualmente estaba allí el domingo en que el Dr. Bonar llegó a esa parte de la epístola de Gálatas en la que se dice que Pablo subió a Jerusalén para ver a Pedro. *Entonces, tres años después, subí a Jerusalén para conocer a Pedro, y estuve con él quince días.* (Gálatas 1:18).

El Dr. Bonar dejó entonces volar su imaginación, según me dijo el abogado. Bonar dijo que podía imaginar que Pedro y Pablo habían estado muy ocupados un día y estaban cansados, y de repente, Pedro se dirigió a Pablo y le dijo: "Pablo, ¿no te gustaría dar un pequeño paseo?". Y Pablo dijo que sí.

Así que bajaron por las calles de Jerusalén, sobre el arroyo Cedrón, y de repente, Pedro se detuvo y dijo: "Mira, Pablo, este es el mismo lugar donde Jesús contendió, y donde sufrió y sudó grandes gotas de sangre. Este es el mismo lugar donde Juan y Santiago se durmieron, allí mismo. Y aquí mismo es el mismo lugar donde yo me dormí. No creo que lo hubiera negado si no me hubiera dormido, pero estaba vencido. Recuerdo que lo último que le oí decir antes de dormirme fue: "Padre, que pase de mí esta copa si es Tu voluntad". Y cuando me desperté, un ángel estaba allí mismo, donde tú estás, hablando con Él, y vi que grandes gotas de sangre salían de sus poros y resbalaban por sus mejillas. No pasó mucho tiempo antes de que Judas viniera a traicionarle. Le oí decirle a Judas muy amablemente: "¿Traicionas al Maestro con un beso?". Y entonces le ataron y le llevaron. Aquella noche, cuando le juzgaron, le negué".

Al día siguiente, Pedro se dirigió de nuevo a Pablo y le dijo: "¿No te gustaría dar otro paseo hoy?". Pablo dijo que sí. Ese día fueron al Calvario, y cuando llegaron a la colina, Pedro dijo: "Aquí, Pablo, este es el mismo lugar donde Jesús murió por ti y por mí. ¿Ves ese agujero de ahí? Ahí es donde estuvo su cruz. El ladrón creyente estaba colgado allí y el ladrón incrédulo allá en el otro lado. María Magdalena y María, su madre, estaban allí, y yo me quedé a las afueras de la multitud. La noche anterior, cuando lo negué, Él me miró con tanto amor que me rompió el corazón, y no pude soportar acercarme lo suficiente para verlo. Esa fue la hora más oscura de mi vida. Esperaba que Dios intercediera y lo sacara de la cruz. Seguí escuchando y pensé que oiría su voz".

Andrew Bonar imaginó toda la escena: cómo le clavaron la lanza en el costado y le pusieron la corona de espinas en la frente, y todo lo demás que ocurrió. Bonar continuó diciendo que al día siguiente Pedro se dirigió de nuevo a Pablo y le preguntó si quería dar otro paseo. De nuevo, Pablo dijo que sí. Una vez más, pasaron por las calles de Jerusalén, sobre el arroyo Cedrón, sobre el Monte de los Olivos, hasta Betfagé, y sobre la colina cerca de Betania. De pronto, Pedro se detuvo y dijo: "Aquí, Pablo, es el último lugar donde lo vi. Nunca oí a Jesús hablar tan dulcemente como lo hizo aquel día. Fue aquí mismo donde nos dio su último mensaje, y de repente me di cuenta de que sus pies no tocaban el suelo. Se levantó y subió. De repente, vino una nube y lo recibió fuera de nuestra vista. Me quedé mirando al cielo, esperando poder verle de nuevo y oírle hablar. Y dos hombres vestidos de blanco bajaron a nuestro lado y se pararon allí y dijeron: *"Varones galileos, ¿por qué están mirando al cielo? Este mismo Jesús, que ha sido tomado de ustedes al cielo, vendrá de la misma manera, tal como lo han visto ir al cielo."* (Hechos 1:11).

Amigos míos, quiero hacerles esta pregunta: ¿Creen que ese cuadro está sobredimensionado? ¿Creen que Pedro tuvo a Pablo como invitado y no lo llevó a Getsemaní, no lo llevó al Calvario y al Monte de los Olivos? Yo mismo pasé ocho días en Jerusalén, y todas las mañanas quería bajar al huerto donde mi Señor sudó grandes gotas de sangre. Cada día subía al Monte de los Olivos y miraba el cielo azul donde Jesús se dirigía a Su Padre. No me cabe duda de que Pedro llevó a Pablo a esos tres paseos. Si hubiera habido un hombre que pudiera haberme llevado al mismo lugar donde el Maestro sudó esas grandes gotas de sangre, ¿crees que no le habría pedido que me llevara allí? Si él hubiera podido decirme dónde estaba el lugar donde los pies de mi Maestro tocaron por última vez esta tierra maldita por el pecado y fueron arrebatados, ¿creen que no le habría pedido que me lo mostrara?.

Sé que hay una clase de personas que dicen que ese tipo de predicación práctica no servirá en este país. "La gente quiere algo grandioso". Bueno, no hay duda de que hay algunos que quieren oír sermones grandiosos y floridos, pero los olvidan en veinticuatro horas.

Es bueno que un pastor tenga la reputación de alimentar a su gente. Un hombre hizo una vez una abeja artificial, que era tan parecida a una abeja real que desafió a otro hombre a distinguirla. Zumbaba igual que la abeja viva, y tenía el mismo aspecto. El otro hombre dijo: "Ponga una abeja artificial y una abeja real ahí abajo, y le diré la diferencia rápidamente".

Entonces puso una gota de miel en el suelo y la abeja viva fue a por la miel.

Así es con nosotros. Hay mucha gente que profesa ser cristiana, pero son artificiales y no saben cuando les das miel. Las verdaderas abejas van por la miel siempre. La gente puede llevarse bien sin sus teorías y opiniones. Así dice el Señor — eso es lo que necesitamos. Dales la Palabra de Dios.

Capítulo 8

Toma El Tiempo Y Estudia

La mera lectura de la Biblia no es lo que Dios quiere. Una y otra vez se nos exhorta a "escudriñar".

Estos eran más nobles que los de Tesalónica, pues recibieron la palabra con toda solicitud, escudriñando diariamente las Escrituras, para ver si estas cosas eran así. (Hechos 17:11)

Y leyeron en el libro de la ley de Dios, interpretándolo y dándole el sentido para que entendieran la lectura. (Nehemías 8:8)

Debemos estudiar la Biblia a fondo y cazar en ella, por así decirlo, alguna gran verdad. Si un amigo me viera buscando en un edificio y se acercara y me dijera: "Moody, ¿qué estás buscando? ¿Has perdido algo?" y yo respondiera: "No, no he perdido nada. No estoy buscando nada en particular", supongo que me dejaría en paz y me consideraría muy tonto. Pero si dijera: "Sí, he perdido un dólar", entonces podría esperar que me ayudara a encontrarlo. Lean la Biblia, amigos míos, como si estuvieran buscando algo de valor. Es mucho mejor tomar un solo capítulo y dedicarle una semana que leer la Biblia al azar durante una semana.

> *Hijo mío, si recibes mis palabras y atesoras mis mandamientos dentro de ti, da oído a la sabiduría, inclina tu corazón al entendimiento. Porque si clamas a la inteligencia, alza tu voz por entendimiento; Si la buscas como a la plata, y la procuras como a tesoros escondidos, entonces entenderás el temor del Señor y descubrirás el conocimiento de Dios.* (Proverbios 2:1-5)

Hubo un tiempo en que solía leer un cierto número de capítulos al día, y si no llegaba a la cantidad habitual, pensaba que me estaba enfriando y reincidiendo. Pero si un hombre me preguntaba dos horas después qué había leído, no podía decírselo; lo había olvidado casi todo. Cuando era niño, una cosa que solía hacer era labrar surcos en una granja de maíz. Pero lo hacía tan mal, procurando abarcar más terreno, que por la noche tenía que clavar un palo en la tierra, para saber a la mañana siguiente dónde lo había dejado. Eso era algo parecido a leer un determinado número de capítulos cada día. Leía para cumplir mis requisitos, y no para acercarme a Dios.

Un hombre dirá: "Esposa, ¿he leído ese capítulo?". "Bueno", dice ella, "no me acuerdo".

Ninguno de los dos se acuerda, y entonces él puede leer el mismo capítulo una y otra vez; y a eso le llaman "estudiar la Biblia". No creo que haya un libro en el mundo que descuidemos tanto como la Biblia.

Así son muchos estudios bíblicos en grupo hoy en día. Hombres y mujeres se sientan alrededor y leen un pequeño libro, y luego dicen: "¿Qué piensas?" Luego le preguntan a la siguiente persona: "¿Qué piensas?". Al final, se sabe lo que todos piensan, pero nadie sabe lo que dice Dios. Demasiado a menudo empezamos y terminamos con nuestras opiniones en lugar de la Palabra de Dios.

Ahora, cuando leas la Biblia en el culto familiar o en tus devocionales privados, busca los pasajes adecuados. ¿Qué pensarías de un pastor que subiera al púlpito el domingo y abriera la Biblia al azar y comenzara a leer? Sin embargo, esto es lo que hacen la mayoría en los devocionales familiares. Es como si entraran en una farmacia y se tragaran la primera medicina que vieran. Los niños se interesarían más en las oraciones familiares si el padre se tomara el tiempo de buscar algún pasaje que se adapte a una necesidad específica. Por ejemplo, si algún miembro de la familia está a punto de viajar, lea el Salmo 121. En tiempos de problemas, lea el Salmo 91. Cuando ocurrió el terrible accidente del Spree mientras cruzábamos el Atlántico en noviembre de 1892, y cuando nadie a bordo del barco esperaba vivir para ver la luz del sol otro día, celebramos una reunión de oración, en la que leí el Salmo 107:23-31:

> *Los que descienden al mar en naves y hacen negocio sobre las grandes aguas, han visto las obras del Señor y Sus maravillas en lo profundo. Pues Él habló, y levantó un viento tempestuoso que encrespó las olas del mar. Subieron a los cielos, descendieron a las profundidades, sus almas se consumían por el mal. Temblaban y se tambaleaban como ebrios, y toda su pericia desapareció. En su angustia clamaron al Señor y Él los sacó de sus aflicciones. Cambió la tempestad en suave brisa y las olas del mar se calmaron. Entonces se alegraron, porque las olas se habían aquietado, y Él los guió al puerto anhelado. ¡Que den gracias al Señor por Su misericordia y por Sus maravillas para con los hijos de los hombres!*

Una señora se me acercó después y me acusó de haber inventado ese pasaje para la ocasión. No sabía que estaba en la Biblia. Tenemos que conocer la Biblia y utilizarla.

Hay algunas preguntas que nos ayudarán a sacar algo bueno de cada versículo y pasaje de la Escritura. Pueden utilizarse en el culto familiar, en el estudio de la lección de la escuela dominical, en la reunión de oración o en la lectura privada. Sería bueno que las preguntas como éstas estuvieran escritas en el frente de cada Biblia:

1. ¿De qué personas he leído y qué he aprendido sobre ellas?

2. ¿Sobre qué lugares he leído y qué he

aprendido sobre ellos? Si el lugar no se menciona, ¿puedo averiguar dónde está? ¿Conozco su posición en el mapa?

3. ¿Se refiere el pasaje a alguna época concreta de la historia de los hijos de Israel o a algún personaje destacado?

4. ¿Puedo decir de memoria lo que acabo de leer?

5. ¿Hay algún pasaje o texto paralelo que arroje luz sobre este pasaje?

6. ¿He leído algo sobre Dios Padre, o sobre Jesucristo, o sobre el Espíritu Santo?

7. ¿Qué he leído sobre mí mismo, sobre la naturaleza pecadora del hombre, o sobre la nueva naturaleza espiritual?

8. ¿Hay algún deber que deba observar? ¿Algún ejemplo a seguir? ¿Alguna promesa a la que aferrarme? ¿Alguna exhortación para guiarme? ¿Alguna oración que pueda orar?

9. ¿De qué manera es útil esta Escritura para la doctrina, para la represión, para la corrección y para la instrucción en la justicia?

10. ¿Contiene el pasaje de la Escritura el evangelio?

11. ¿Hay algún versículo principal del capítulo o pasaje? ¿Puedo repetirlo de memoria?

Capítulo 9

Aprende Y Usa La Biblia

Alguien ha dicho que hay cuatro cosas necesarias en el estudio de la Biblia: admitir, someterse, comprometerse y transmitir. Primero, admitir su verdad. Segundo, someterse a sus enseñanzas. Tercero, memorizarla. Cuarto, transmitirla. Si la vida cristiana es algo bueno para ti, transmítelo a otra persona.

Quiero decirte cómo yo estudio la Biblia. No todos los hombres pueden luchar con la armadura de Saúl, y quizás tú no puedas seguir mis métodos. Sin embargo, tal vez pueda lanzar algunas sugerencias que te ayuden. Spurgeon solía preparar su sermón del domingo por la mañana el sábado por la noche. Si yo intentara eso, fracasaría.

Cuanto más rápido aprendas a alimentarte, mejor. Me da pena en el fondo de mi corazón cualquier hombre o mujer que haya estado asistiendo a alguna iglesia o capilla durante cinco, diez o veinte años, y que aún no haya aprendido a alimentarse espiritualmente. Confían en el pastor o en el maestro de la escuela dominical, pero no se alimentan de la Palabra de Dios.

Todos sabemos que siempre se considera un gran acontecimiento en la familia cuando un niño puede alimentarse por sí mismo. Un niño puede estar sentado en una silla alta, y al principio, tal vez usa la cuchara al revés, pero pronto la usa de la manera correcta, y la madre o la hermana aplaude y dice: "¡Mira! El bebé se alimenta solo". Pues bien, lo que necesitamos como cristianos es ser capaces de alimentarnos a nosotros mismos. Hay muchos que se sienten indefensos y débiles, con la boca abierta, hambrientos de cosas espirituales, y el pastor tiene que tratar de alimentarlos, mientras que la Biblia es un festín preparado del que nunca comen por su cuenta. Tampoco todos los pastores alimentan mucho a la gente, por lo que debemos asegurarnos de alimentarnos cada día.

Hay muchos que han sido cristianos durante veinte años que todavía confían en ser alimentados sólo en la iglesia. Si tienen un pastor que los alimenta, pueden arreglárselas; pero si tienen un pastor que da sólo sermones propios en lugar de mensajes de parte de Dios, no son alimentados en absoluto. Esta es una manera de saber si eres un verdadero hijo de Dios — si amas y te alimentas de la Palabra de Dios por ti mismo. Si sales a tu jardín y tiras un poco de aserrín, los pájaros no se darán cuenta; pero si tiras unas migajas de pan, pronto vendrán, se las comerán y las recogerán. De la misma manera, el verdadero hijo de Dios puede distinguir la diferencia entre el aserrín espiritual y el pan. ¿Estás siendo cambiado por la Palabra de Dios, o sólo estás asistiendo a un servicio de la iglesia? Muchos de los llamados cristianos están viviendo del aserrín del mundo en lugar de ser alimentados por el Pan que baja del cielo. Nada puede satisfacer los anhelos del alma sino la Palabra del Dios vivo.

> *Cuando se presentaban Tus palabras, yo las comía; Tus palabras eran para mí el gozo y la alegría de mi corazón* (Jeremías 15:16a).

La mejor ley para el estudio de la Biblia es la ley de la perseverancia. El salmista dice: *Me apego a Tus testimonios; Señor, no me avergüences* (Salmo 119:31). La diligencia y la disciplina en el estudio de la Palabra permitirán que ésta crezca por dentro y se manifieste por fuera. Algunas personas son como los trenes expresos; pasan tan rápido que no ven nada.

Conocí a un abogado en Chicago que me dijo que había pasado dos años estudiando un tema. Intentaba anular un testamento. Se dedicó a leer todo lo que pudo sobre testamentos. Luego fue al tribunal y habló durante dos días sobre ese testamento; no podía hablar de nada más que de testamentos. Ese es el camino con la Biblia - estudiarla y estudiarla, un tema a la vez, hasta que te llenes de ella.

Lee la Biblia misma; no gastes todo tu tiempo en comentarios y ayudas. Si un hombre pasara todo su tiempo leyendo sobre los componentes químicos del pan y la leche, pronto se moriría de hambre. Los libros devocionales también pueden ser útiles, pero no pienses que un libro devocional puede reemplazar tu tiempo en la Palabra de Dios.

Hay tres libros que creo que todo cristiano debería tener. El primero, por supuesto, es la Biblia. Creo que hay que tener una buena Biblia con una buena letra, sencilla. No me gustan mucho esas pequeñas Biblias que tienes que sostener debajo de tu nariz para poder leer la letra; y si la iglesia está un poco oscura no puedes leer nada, sino que se convierte en un mero revoltijo de palabras. Sí, pero alguien dirá que no se puede llevar una Biblia grande en el bolsillo. Muy bien, entonces, llévenla bajo el brazo; y si tienen que caminar cinco millas, estarán predicando un sermón de cinco millas. Conozco a un hombre que se convenció sólo por ver a otro hombre que llevaba su Biblia bajo el brazo. Tú no te avergüenzas de llevar otros libros, así que ¿por qué ibas a avergonzarte de que te vean llevando una Biblia? Si consigues una buena Biblia es probable que la cuides mejor. Supongamos que pagas cincuenta dólares por una buena Biblia; cuanto más crezcas, más preciosa será para ti. Asegúrate de no adquirir una tan buena que tengas miedo de marcarla. No me gustan las Biblias con bordes dorados que parecen no haber sido usadas nunca.

Luego, te aconsejo que consigas una concordancia. Yo fui cristiano unos cinco años antes de oír hablar de una concordancia. A poco tiempo de ser salvo, hablé con un escéptico en Boston. No sabía mucho sobre la Biblia, pero traté de defender la Biblia y el cristianismo. Él citó la Biblia incorrectamente, y le dije que lo que decía no estaba en la Biblia. Estuve buscando durante días y días. Si hubiera tenido una concordancia, lo habría encontrado enseguida. Es bueno que los pastores, de vez en cuando, le hablen a la gente de un buen libro. Cualquier persona puede encontrar cualquier porción o cualquier versículo en la Biblia con sólo recurrir a una concordancia.

En tercer lugar, consigue una Biblia temática. Estos tres libros te ayudarán a estudiar la Palabra de Dios con provecho. Si no los tienes, consíguelos de inmediato; todo cristiano debe tenerlos.[3]

Estos libros son buenos para estudiar y ayudar a aprender, pero creo que los profesores no deberían basarse en ellos en una clase. Deberían usar la Biblia, toda la Biblia. Los maestros de la escuela dominical están cometiendo un gran error si no llevan toda la Biblia a sus clases de escuela dominical. No me importa lo jóvenes que sean los niños; que entiendan que es un solo libro, que no hay dos libros. El Antiguo Testamento y el Nuevo son uno solo. Que no piensen que el Antiguo Testamento no llega a nosotros con la misma autoridad que el Nuevo. Es una gran cosa que un niño o niña sepa manejar la Biblia. ¿Para qué sirve un ejército si los soldados no saben manejar sus armas? Hablo muy fuertemente de esto, porque conozco algunas escuelas dominicales que no tienen una sola Biblia en ellas. Tienen libros de preguntas. Hay preguntas de la Biblia y las respuestas se dan a continuación, para que no sea necesario estudiar la lección. Son cosas espléndidas para que los maestros perezosos lleven a sus clases.

---

3   En esta era tecnológica, hay muchos medios electrónicos para acceder a estos recursos y estudiar la Biblia. Una buena manera es con un programa de software libre como e-sword (*www.e-sword.net*).

He visto a un profesor de la escuela dominical hacer a un estudiante preguntas que eran algo así:

— Juan, ¿quién fue el primer hombre?

— Matusalén.

— No, no lo creo; déjame ver. No, no es Matusalén. ¿Puedes adivinar de nuevo?

— Elías.

— No.

— Adán.

— Así es, hijo mío; debes haber estudiado mucho tu lección.

Ahora, me gustaría saber qué va a hacer un muchacho con esa clase de maestro o con esa clase de enseñanza. Esa clase de enseñanza no vale nada y no trae ningún resultado. No condeno las ayudas. Creo que hay que aprovechar toda la luz que se pueda obtener. Lo que quiero que hagan cuando vengan a sus clases es que vengan preparados para explicar la lección sin el uso de una concordancia. Traigan la Palabra de Dios con ustedes; traigan el Libro antiguo.

A veces encontrarán familias en las que hay una Biblia familiar, pero la madre tiene tanto miedo de que los niños la rompan que la guarda en la habitación de invitados, y de vez en cuando se permite a los niños mirarla. Lo que más les interesa es el registro familiar: cuándo nació Juan, cuándo se casaron el padre y la madre, etc.

Cuando llegué a Boston desde el campo, fui a una clase de Biblia en la que había algunos estudiantes de Harvard. Me dieron una Biblia y me dijeron que la lección estaba en Juan. Busqué Juan por todo el Antiguo Testamento, pero no pude encontrarlo. Vi que los compañeros se miraban entre sí, diciendo: "Ah, un chico nuevo del campo". Ya sabes que ese es el momento en que no quieres que te consideren ignorante. El profesor vio mi vergüenza y me entregó su Biblia, y yo puse mi pulgar en el lugar y me sujeté. No perdí mi lugar. Dije entonces que si alguna vez salía de ese apuro, no me volverían a pillar allí.

¿Por qué hay tantos jóvenes de dieciocho a veinte años que no pueden entrar en una clase de Biblia? Porque no quieren mostrar su ignorancia. Muchos de nuestros jóvenes aprenden a jugar en la iglesia, pero no a orar. Se les enseña a ser felices, pero no a ser santos. No hay lugar en el mundo que sea tan fascinante como una clase de Biblia en vivo. Creo que nosotros tenemos la culpa de que los niños hayan sido educados en la escuela dominical, con bonitas lecciones pero sin conocer la Biblia. El resultado es que los niños crecen sabiendo lo que se les dice, pero sin saber lo que dice la Biblia. No saben dónde está Mateo, no saben dónde está la epístola a los Efesios, no saben dónde encontrar Hebreos o cualquier otro de los diferentes libros de la Biblia. Hay que enseñarles a manejar toda la Biblia, y eso lo pueden hacer los maestros de la escuela dominical llevando la Biblia a la clase y yendo directamente a ella. Ahora se puede conseguir una Biblia en este país por casi una canción. Las escuelas dominicales no son tan pobres como para no poder conseguir Biblias. Los boletines de la escuela dominical están bien en su lugar, como ayuda para el estudio de la lección, pero si van a retirar las Biblias de nuestras escuelas dominicales, creo que será mejor que los retiremos a ellos y nos quedemos con las Biblias.

Capítulo 10

Método Del Telescopio

Hay dos maneras opuestas de estudiar la Biblia. Una de ellas es estudiarla con un telescopio, haciendo un gran barrido de todo el libro y tratando de encontrar el plan de Dios en él. La otra forma es estudiarla con un microscopio, tomando un versículo a la vez, diseccionándolo y analizándolo. Por ejemplo, el Génesis es la semilla de toda la Biblia; nos habla de la vida, la muerte y la resurrección. Implica a todo el resto de la Biblia.

Esta es una manera de mirar la Biblia con un telescopio, viendo todo el bosque de una vez. Un inglés me dijo una vez:

Sr. Moody, ¿se ha dado cuenta de que el libro de Job es la clave de toda la Biblia? Si usted entiende a Job, entenderá toda la Biblia.

No —, dije. —¿Por qué dice eso: 'Job es la clave de toda la Biblia'? ¿Cómo lo dice?.

— "Divido a Job en siete secciones. La primera sección

es *Un hombre perfecto no probado*. Eso es lo que Dios dijo de Job; eso es Adán en el Edén. Era perfecto cuando Dios lo puso allí. La segunda sección es *Probado por la adversidad*. Job cayó, como cayó Adán en el Edén. La tercera sección es *La sabiduría del mundo*. El mundo trató de restaurar a Job; los tres sabios, Elifaz, Bildad y Zofar, vinieron a ayudarlo. Esa fue la sabiduría del mundo centrada en esos tres hombres. No se puede encontrar en ningún lugar, en ninguna parte del mundo, un lenguaje tan elocuente ni una sabiduría tan grande como la que desplegaron esos tres hombres, pero ellos no sabían nada de la gracia y, por lo tanto, no podían ayudar a Job.

Eso es justo lo que los hombres intentan hacer, y el resultado es que fracasan. La sabiduría del hombre nunca hizo al hombre mejor. Estos tres hombres no ayudaron a Job; lo hicieron más infeliz.

> *He oído muchas cosas como estas;*
> *Consoladores molestos son todos ustedes.*
> (Job 16:2)

El inglés continuó explicándome las siete partes de Job.
— En el cuarto lugar — dijo — *entra el árbitro o juez*, que es Cristo. En el quinto lugar, *Dios habla*; y en el sexto, *Job aprende su lección*. Y entonces Job cae de bruces en el vertedero. La séptima sección es esta, que *Dios lo restaura*. Gracias a Dios, es así con nosotros, y nuestro último estado es mejor que el primero.

> *He sabido de Ti solo de oídas, pero ahora*

mis ojos te ven. Por eso me retracto, y me arrepiento en polvo y ceniza. (Job 42:5-6)

El Señor bendijo los últimos días de Job más que los primeros; y tuvo 14,000 ovejas, 6,000 camellos, 1,000 yuntas de bueyes y 1,000 asnas. Tuvo además siete hijos y tres hijas. (Job 42:12-13)

Un amigo mío me dijo: "Mira, Moody. Dios le dio a Job el doble de todo". Dios se había llevado a los hijos de Job al cielo, y le dio a Job diez más. Así que Job tenía diez hijos en el cielo y diez en la tierra - una familia de buen tamaño. Así que cuando nuestros hijos nos son arrebatados, no están perdidos para nosotros, sino que simplemente se han ido antes que nosotros.

Ahora, vamos a tomar ese enfoque telescópico a través de los cuatro Evangelios, comenzando con Mateo. Los hombres a veces me dicen cuando voy a una ciudad: "Asegúrate de incluir a tal hombre en tu comité, porque no tiene nada que hacer y tendrá mucho tiempo".

Yo digo: "No, gracias. No quiero a ningún hombre que no tenga nada que hacer". Cristo encontró a Mateo sentado en la recepción de la aduana. El Señor tomó a alguien que encontró en el trabajo y siguió trabajando. No sabemos mucho de lo que hizo, salvo que escribió este evangelio; pero ¡qué libro! No sabemos de dónde vino Mateo, ni a dónde fue. Su antiguo nombre, Leví, desapareció con su antigua vida.

Mateo escribe sobre el Mesías de los judíos y el Salvador del mundo. Su evangelio contiene el mejor relato de la vida de Cristo. Observa que es el último mensaje de Dios a la nación judía.

Mateo no habla de la ascensión de Cristo, sino que lo deja en la tierra.

Marcos habla de Su resurrección y ascensión.

Lucas da Su resurrección, ascensión y la promesa de un Consolador.

Juan va un paso más allá y dice que Jesús va a volver.

Hay más citas del Antiguo Testamento en Mateo que en cualquiera de los otros Evangelios. Creo que hay unas cien. Mateo trataba de convencer a los judíos de que Jesús era el hijo de David, el rey legítimo. Habló mucho del reino, de sus misterios, del ejemplo del reino, de la curación de los enfermos, de los principios del reino expuestos en el Sermón de la Montaña y del rechazo del Rey. Cuando alguien toma un reino, establece los principios sobre los que va a gobernar.

Ahora, permítanme llamar su atención sobre cinco grandes sermones en el evangelio de Mateo. En ellos, tienen un buen barrido de todo el libro:

1. El Sermón de la Montaña. Vean cuántas cosas que yacen a su alrededor introduce en su sermón: sal, luz, vela, abrigo, lluvia, armario, polilla, óxido, ladrones, ojo, aves, lirios, hierba, perros, pan, pescado, puerta, uvas, espinas, higos, cardos, roca, y más.

Alguien, al viajar por Israel, dijo que no creía que hubiera una sola cosa allí que Cristo no utilizara como ilustración. Muchas personas en estos días tienen miedo de usar cosas comunes, pero ¿no crees que es mejor usar cosas que la gente pueda entender que hablar de manera que la gente no pueda entenderte? Ahora, una mujer puede entender fácilmente una vela, y un hombre puede entender fácilmente una roca, especialmente en un país rocoso como Israel. Cristo usó cosas comunes como ilustraciones y habló de manera que todos pudieran entenderlo.

Cristo no tenía un reportero que lo acompañara para escribir e imprimir sus sermones, y sin embargo la gente los recordaba. No te preocupes por las frases rebuscadas y las palabras elegantes, sino presta atención a que tus sermones sean claros para que se queden grabados. Utiliza una carnada que le guste a tus oyentes. Algunos predicadores pasan más tiempo tratando de hacer buenos esquemas que buscando a Dios.

La ley fue dada en una montaña, y aquí Cristo establece sus principios en una montaña. La ley de Moisés se aplica a los actos externos, pero este sermón se aplica a la vida interior. Así como el sol es más brillante que una vela, así el Sermón del Monte es más brillante que la ley de Moisés. Nos dice qué clase de cristianos debemos ser: luces en el mundo y sal de la tierra, silenciosos en nuestras acciones, pero grandes en su efecto.

"Les digo" se puede encontrar trece veces en este sermón.

2. El segundo gran sermón de Jesús en Mateo fue pronunciado a los doce discípulos en el capítulo décimo. En este sermón se encuentran dichos sencillos que se citan a menudo, como *"sacudan el polvo de sus pies contra ellos"* y *"de gracia recibieron, den de gracia"*.

3. El tercero es el sermón al aire libre que se encuentra en Mateo 13. Este sermón contiene nueve parábolas. Es como un collar de perlas. ¿Quieres el mejor tipo de predicación en la calle? Tienes que exponer lo que dices de forma brillante y nítida si esperas que la gente te escuche.

Tienes que aprender a pensar en tus pies. Había un joven predicando en las calles de Londres cuando un infiel se acercó y dijo: "El hombre que inventó las luces de gas hizo más por el mundo que Jesucristo". El joven no pudo contestarle y la multitud se rió de él. Pero otro hombre se levantó y dijo: "Por supuesto que el hombre tiene derecho a su opinión, y supongo que si se estuviera muriendo mandaría llamar al instalador de gas, pero yo creo que mandaría llamar a un pastor y le haría leer el capítulo catorce de Juan", y con esto le volvió el ánimo al joven predicador.

4. El sermón de los ayes es el cuarto gran sermón de Jesús en Mateo, y se encuentra en el capítulo 23. Es el último llamamiento de Cristo a la nación judía. Compara estos ocho ayes con las nueve bienaventuranzas que se encuentran en Mateo 5:3-12. El final de este sermón sobre los ayes es la expresión más desgarradora de todo el ministerio de Cristo: *Por tanto, la casa de ustedes se les deja desierta* (Mateo 23:38). Hasta ese momento, había sido la casa de mi Padre, o mi casa, pero ahora es la casa de ustedes. No pasó mucho tiempo hasta que llegó el líder romano, Tito, y arrasó con el templo. Abraham nunca amó a Isaac más de lo que Jesús amó a la nación judía. Fue duro para Abraham renunciar a Isaac, pero más duro para el Hijo de Dios renunciar a Jerusalén.

5. El quinto gran sermón de Jesús en Mateo fue predicado a sus discípulos. Puedes leerlo en el capítulo 24 de Mateo. ¡Qué poco le entendieron! Cuando el corazón de Jesús se rompía de dolor, sus discípulos le llamaron la atención sobre los edificios del templo.

En el evangelio de Mateo, no hay nada en el infierno, el cielo, la tierra, el mar, el aire o la tumba que no dé testimonio de Cristo como Hijo de Dios. Los demonios gritaron, los peces entraron en las redes bajo su influencia, el viento y las olas le obedecieron.

Resumen: Nueve bienaventuranzas, ocho ayes, nueve parábolas consecutivas, diez milagros consecutivos, cinco sermones continuos y cuatro profecías de su muerte.

Al pasar al evangelio de Marcos, obsérvese que los cuatro evangelios son independientes entre sí; ninguno fue copiado del otro. Cada uno es el complemento de los demás, y tenemos cuatro puntos de vista de Cristo, como los cuatro lados de una casa. Mateo escribe para los judíos. Marcos escribe para los romanos. Lucas escribe para los conversos gentiles.

En Marcos no se encuentran largos sermones. Los romanos eran rápidos y activos, y Marcos tuvo que condensar las cosas para poder captarlas. Encontrarás palabras como "inmediatamente", "en seguida" e "inmediatamente" que aparecen treinta y dos veces en este evangelio. Todos los capítulos, excepto el primero, el séptimo, el octavo, el noveno y el decimocuarto, comienzan con "Y", como si no hubiera ninguna pausa en el ministerio de Cristo.

Lucas nos dice que Cristo recibió a los niños pequeños, pero Marcos dice que los tomó en brazos. Eso lo hace más dulce, ¿no?

Tal vez el punto culminante sea el quinto capítulo. Aquí encontramos tres casos muy malos - demonios, enfermedad y muerte - fuera del alcance del hombre, curados por Cristo. El primer hombre estaba poseído por demonios. La gente no pudo atarlo, encadenarlo o domarlo. Supongo que muchos hombres y mujeres se asustaron con ese hombre. La gente tiene miedo de un cementerio incluso a la luz del día, pero piensa en un hombre vivo que está en las tumbas y está poseído por los demonios. *Y gritando a gran voz, dijo: ¿Qué tengo yo que ver contigo, Jesús, Hijo del Dios Altísimo? Te imploro por Dios que no me atormentes* (Marcos 5:7). Pero Jesús había venido a hacerle un bien.

A continuación, la mujer con flujo de sangre (Marcos 5:25-34). Si ella viviera hoy, supongo que habría probado todas las medicinas del mercado. La habríamos declarado un caso perdido y la habríamos enviado al hospital. Alguien ha dicho: "Había más medicina en el dobladillo de Su manto que en todas las farmacias de Israel". Ella simplemente lo tocó y se curó. Cientos de personas lo tocaron, pero no obtuvieron nada. ¿Puedes notar la diferencia entre el toque de la fe y el toque ordinario de la multitud?

En tercer lugar, la hija de Jairo resucitó de entre los muertos (Marcos 5:22-24, 35-43). Ves que la manifestación del poder de Jesús va en aumento, pues cuando llegó, la niña estaba muerta, y Él la trajo a la vida. No dudo de que en los consejos secretos de la eternidad se designó que Él estuviera allí justo en ese momento. Recuerdo que una vez me llamaron para predicar un sermón fúnebre, y busqué en los cuatro Evangelios uno de los sermones fúnebres de Cristo; pero ¿saben que nunca predicó uno? Rompió todos los funerales a los que asistió. Los muertos volvían a la vida cuando oían Su voz.

Ahora llegamos al evangelio de Lucas. Noten que su nombre no aparece en este libro ni en Hechos. Encontrará el nombre de Lucas tres veces: en Colosenses, 2 Timoteo y Filemón. Se mantiene en un segundo plano. Conozco a muchos obreros cristianos que se arruinan por llamar la atención. Ni siquiera sabemos con certeza si Lucas era judío o gentil.

La primera vez que vemos a Lucas es en Hechos 16:10: *Cuando tuvo la visión, enseguida procuramos ir a Macedonia, persuadidos de que Dios nos había llamado para anunciarles el evangelio.* No afirmó ser testigo presencial del ministerio de Cristo, ni tampoco ser uno de los setenta (Lucas 10). Algunos piensan que lo fue, pero él no lo afirma. Se supone que su evangelio procede de la predicación de Pablo, al igual que el de Marcos procede de la de Pedro. También se llama el Evangelio de los Gentiles, y se supone que fue escrito cuando Pablo estaba en Roma, unos veintisiete años después de Cristo. Un tercio de este evangelio queda fuera de los otros evangelios. Lucas abre con una nota de alabanza: *Tendrás gozo y alegría y muchos se regocijarán por su nacimiento* (Lucas 1,14). Se cierra de la misma manera: *Ellos, después de adorar a Jesús, regresaron a Jerusalén con gran gozo, y estaban siempre en el templo alabando a Dios.* (Lucas 24:52-53).

El canónigo Frederic Farrar ha señalado que en Lucas tenemos un evangelio séptuple:

1. Es un evangelio de alabanza y canto. Encontramos aquí los cantos de Zacarías, Isabel, María, Simeón, los ángeles y otros.

Lee lo que el reverendo James Caughey escribió sobre Simeón en su libro *Helps to a Life of Holiness and Usefulness* [Ayudas para una vida de Santidad y Utilidad]:

> Lo que Simeón quería era ver al Cristo del Señor. La incredulidad le sugería: "Simeón, eres un anciano; tu día está casi terminado; la nieve de la edad está sobre tu cabeza; tus ojos se oscurecen, tu frente está arrugada, tus miembros se tambalean, y la muerte no puede estar a gran distancia, ¿y dónde están las señales de Su venida? Estás descansando, Simeón, en un fantasma de la imaginación: todo es un engaño".
>
> "No", responde Simeón, "no veré la muerte hasta que haya visto al Cristo del Señor. Sí, lo veré antes de morir".
>
> Pero la incredulidad vuelve a sugerir: "Recuerda, Simeón, que muchos hombres

santos han deseado ver al Cristo del Señor, pero han muerto sin verlo."

"Sí", dice Simeón, "veré al Cristo (Mesías) del Señor".

Imagino que veo a Simeón caminando en una hermosa mañana por uno de los hermosos valles de Israel, meditando sobre el gran tema que llenaba su mente. Le sale al encuentro uno de sus amigos, que le dice:

— La paz sea contigo. ¿Has oído las extrañas noticias?

— ¿Qué noticias?—, pregunta Simeón.

— ¿Conoces al sacerdote Zacarías?

— Sí, muy bien.

— Según la costumbre del oficio de sacerdote, le tocaba quemar incienso en el templo del Señor, y toda la multitud del pueblo estaba orando afuera. Era el tiempo del incienso, y se le apareció un ángel que estaba a la derecha del altar del incienso, y le dijo que tendría un hijo, que se llamaría Juan. El ángel le dijo que el hijo de Zacarías sería grande a los ojos del Señor; no debería beber vino ni bebida fuerte, y estaría lleno del Espíritu Santo desde su infancia. Iría delante del Mesías con el espíritu y el poder de Elías, para convertir a muchos del pueblo de Israel al Señor, y disponer un pueblo que esté preparado para recibir a su Señor. El ángel era Gabriel, que está en la presencia de Dios. Como Zacarías no le creyó al ángel, quedó mudo.

— ¡Ah! — dice Simeón. — Eso es un cumplimiento exacto de la profecía de Malaquías 4:5-6: *Yo les envío al profeta Elías antes que venga el día del Señor, día grande y terrible.* Él hará volver el corazón de los padres hacia los hijos, y el corazón de los hijos hacia los padres, no sea que Yo venga y hiera la tierra con maldición. Este es el mensajero del Señor, para preparar el camino; este es el precursor; esta es la estrella de la mañana; el amanecer del día no está lejos; el gran Mesías está en camino. Él está cerca. No veré la muerte hasta que haya visto al Cristo (Mesías) del Señor. ¡Aleluya! *El Señor vendrá de repente a su templo*" (Malaquías 3:1).

Simeón meditaba estas cosas en su corazón, y el tiempo seguía su curso. Me imagino que vuelvo a ver a Simeón en su paseo matutino de meditación. De nuevo es abordado por uno de sus vecinos, que le dice:

— Bueno, Simeón, ¿has oído las noticias?.

— ¿Qué noticias?

— Una compañía de pastores estaba en las llanuras de Belén vigilando a sus rebaños; era la hora tranquila de la noche, y el manto de la oscuridad cubría el mundo. Una luz brillante brillaba alrededor de los pastores, una luz por encima del brillo del sol del mediodía. Miraron hacia arriba, y justo encima de ellos apareció un ángel que brillaba con todos los hermosos matices del cielo. Los pastores se asustaron mucho, y el ángel les dijo: "*No teman, porque les traigo buenas nuevas de gran gozo que serán para todo el pueblo*" (Lucas 2:10).

— Este es el Cristo del Señor. No veré la muerte hasta que haya visto al Cristo del Señor.

Entonces Simeón probablemente se dice a sí mismo: "Lo llevarán al templo para circuncidarlo". Va Simeón, mañana tras mañana, para ver si puede vislumbrar a Jesús.

Tal vez la incredulidad le sugiere a Simeón: "Es mejor que te quedes en casa esta mañana húmeda. Has estado muchas mañanas y no lo has visto; puedes perderte este día".

"No", dice el Espíritu, "debes ir al templo". Simeón se dirige al templo. Sin duda seleccionaría un buen puesto de observación. Míralo allí, apoyando su espalda en uno de los pilares del templo; ¡con qué atención observa la puerta! Ve a una madre tras otra llevando a su hijo al templo para ser circuncidado. Observa el rostro de cada niño.

"No", dice, mientras su ojo escudriña el rostro, "ése no es él, y ése no es él"; pero al final ve aparecer a la virgen María, y el Espíritu Santo le dice que ese niño es el Salvador tan ansiosamente esperado. Agarra al niño en sus brazos y lo aprieta contra su corazón, y exclama: "Ahora, Señor, permite que Tu siervo se vaya en paz, conforme a Tu palabra; Porque mis ojos han visto Tu salvación" (Lucas 2:29-30).

2. Lucas es un evangelio de acción de gracias. Glorificaron a Dios cuando Jesús curó al hijo de la viuda en Naín, cuando el ciego recibió la vista, etc.

3. Es un evangelio de oración. Aprendemos que Cristo oró cuando fue bautizado, y casi todos los grandes acontecimientos de su ministerio fueron precedidos por la oración. Si quieres oír del cielo, debes buscar a Dios en oración sincera. Hay dos parábolas sobre la oración: la del amigo a medianoche (Lucas 11:5-8) y la del juez injusto (Lucas 18:1-8).

4. Aquí hay otra cosa que se destaca, a saber, el evangelio de la mujer. Sólo Lucas registra muchas cosas amorosas que Cristo hizo por las mujeres. La joya más rica de la corona de Cristo fue lo que hizo por las mujeres. Un hombre intentó una vez decirme que Mahoma había hecho más por las mujeres que Cristo. Le dije que si alguna vez hubiera estado en los países islámicos, se avergonzaría de sí mismo por hacer semejante comentario.

5. Este es el evangelio de los pobres y humildes. Cuando me dirijo a una multitud de personas en la calle, generalmente enseño a partir de Lucas. Aquí están los pastores, los campesinos y el incidente del hombre rico y Lázaro. Este evangelio nos dice que él encontró el lugar donde estaba escrito: *El Espíritu del Señor Dios está sobre mí, Porque me ha ungido el Señor para traer buenas nuevas a los afligidos.* (Isaías 61:1). Es un día oscuro para una iglesia cuando no quieren a la gente común. George Whitefield trabajó entre los mineros, y John Wesley entre la gente común. Si quieres a los pobres, haz que se sepa que quieres que vengan.

6. Lucas es un evangelio para los perdidos. La mujer con los siete demonios y el ladrón en la cruz lo ilustran, al igual que las parábolas de la oveja perdida, la moneda de plata perdida y el hijo perdido.

7. Es un evangelio de tolerancia.

Lucas nos muestra cómo Jesús ganó a los perdidos. *Y el que gana almas es sabio* (Proverbios 11:30). ¿Quieres ganar gente para Jesús? No trates de derribar sus prejuicios antes de empezar a llevarlos a la verdad. Algunas personas piensan que tienen que derribar el andamio antes de empezar a trabajar en el edificio. Un viejo pastor invitó una vez a un hermano joven a predicar por él. Este último regañó a la gente, y cuando llegó a casa, le preguntó al viejo pastor cómo le había ido. El viejo pastor le dijo que tenía una vaca vieja, y que cuando quería un buen suministro de leche, alimentaba a la vaca; no la regañaba.

Cristo le llegó a los publicanos porque casi todo lo que dijo sobre ellos fue en su favor. Mira la parábola del fariseo y el publicano (Lucas 18:9-14). Cristo dijo que el publicano bajó a su casa justificado antes que aquel orgulloso fariseo.

¿Cómo llegó a los samaritanos? Tomemos la parábola de los diez leprosos. Sólo uno volvió para agradecerle la curación, y era un samaritano. Luego está la parábola del buen samaritano. Ha hecho más por incitar a la gente a la filantropía y a la bondad con los pobres que cualquier otra cosa que se haya dicho en esta tierra durante seis mil años.

Si quieres llegar a la gente que no está de acuerdo

contigo, no cojas un garrote para derribarlos y luego tratar de levantarlos. Cuando Jesucristo trató con los descarriados y los pecadores, fue tan tierno con ellos como una madre lo es con su hijo enfermo.

Capítulo 11

Del Telescopio Al Microscopio

El cuarto evangelio fue escrito por Juan. Se cree que Juan es el discípulo más joven y el primero en seguir a Cristo. Se le llama el compañero íntimo de Cristo. Alguien se quejaba de que Jesús era parcial. No me cabe duda de que Cristo amaba a Juan más que a los demás, pero tal vez era porque Juan lo amaba más. Creo que Juan entró en el círculo íntimo, y nosotros también podemos entrar si queremos. Cristo mantiene la puerta abierta y podemos entrar directamente. Se nota que casi todo el evangelio de Juan es nuevo respecto a lo que hay en los otros tres evangelios. Todos los ocho meses que Cristo pasó en Judea se registran aquí.

Mateo comienza con Abraham, Marcos con Malaquías y Lucas con Juan el Bautista, pero Juan comienza con Dios mismo. Mateo presenta a Cristo como el Mesías de los judíos, Marcos lo muestra como el trabajador activo, y Lucas escribe sobre Jesús como un hombre, mientras que Juan lo retrata como un Salvador personal.

Juan lo presenta como procedente del seno del Padre. El pensamiento central de este evangelio es demostrar la divinidad de Cristo. Si yo quisiera demostrarle a alguien que Jesucristo es divino, lo llevaría directamente a este evangelio. La palabra arrepentirse no aparece ni una sola vez, pero la palabra creer aparece ochenta y cinco veces. La controversia que los judíos suscitaron sobre la divinidad de Cristo aún no estaba resuelta, y antes de que Juan se fuera, tomó su pluma y escribió estas cosas para resolverla.

Juan nos da un séptimo testimonio de la divinidad de Cristo:

1. Testimonio del Padre: *El Padre que me envió da testimonio de Mí* (Juan 8:18).

2. Testimonio del Hijo: Jesús *les respondió: "Aunque Yo doy testimonio de Mí mismo, Mi testimonio es verdadero, porque Yo sé de dónde he venido y adónde voy; pero ustedes no saben de dónde vengo ni adónde voy* (Juan 8:14).

3. Testimonio de las obras de Cristo: *Si no hago las obras de Mi Padre, no me crean; pero si las hago, aunque a Mí no me crean, crean a las obras; para que sepan y entiendan que el Padre está en Mí y Yo en el Padre* (Juan 10:37-38).

Nadie puede hacerme creer que Jesucristo era un hombre malo, porque dio buenos frutos. Cómo alguien puede dudar de que Él es el Hijo de Dios después de veinte siglos de pruebas es un misterio para mí.

4. Testimonio de las Escrituras: *Porque si creyeran a Moisés, me creerían a Mí, porque de Mí escribió él* (Juan 5:46).

5. Testimonio de Juan el Bautista: *Y yo lo he visto y he dado testimonio de que Este es el Hijo de Dios* (Juan 1:34).

6. Testimonio de los discípulos: *Y ustedes también darán testimonio, porque han estado junto a Mí desde el principio* (Juan 15:27).

7. Testimonio del Espíritu Santo: *Cuando venga el Consolador, a quien yo enviaré del Padre, es decir, el Espíritu de verdad que procede del Padre, Él dará testimonio de Mí* (Juan 15:26).

Por supuesto, hay muchos otros versículos que muestran Su divinidad, pero creo que estos son suficientes para demostrarlo a cualquiera. Si yo fuera a la corte y tuviera siete testigos que no pudieran ser derribados, creo que tendría un buen caso.

Fíjate en las afirmaciones de Yo soy de Cristo del evangelio de Juan:

- *Yo soy de arriba.* (Juan 8:23)
- *No soy de este mundo.* (Juan 8:23)
- *No soy del mundo.* (Juan 17:16)
- *Antes de que Abraham naciera, YO SOY.* (Juan 8:58)

- *YO SOY el pan de vida.* (Juan 6:35)
- *YO SOY la luz del mundo.* (Juan 8:12)
- *YO SOY la puerta.* (Juan 10:9)
- *YO SOY el buen pastor.* (Juan 10:11, 14)
- *YO SOY el camino, la verdad y la vida* (Juan 14:6). Pilatos preguntó qué era la verdad, y allí estaba, delante de él.
- *YO SOY la resurrección y la vida.* (Juan 11:25)

En el evangelio de Juan encontramos ocho dones para el creyente: el pan de vida, el agua de vida, la vida eterna, el Espíritu Santo, el amor, la alegría, la paz y Sus palabras.

Ahora que hemos mirado los Evangelios a través del telescopio, echemos un vistazo al libro de los Hechos. Una buena lección para estudiar es esta: cómo a lo largo del libro de los Hechos, la derrota se convirtió en victoria. Cuando los primeros cristianos eran perseguidos, iban por todas partes predicando la Palabra. Eso fue una victoria, y así ocurre a lo largo de todo el libro.

El evangelio de Lucas habla de Cristo en el cuerpo, mientras que Hechos habla de Cristo en la iglesia. En Lucas, leemos lo que Cristo hizo en Su humillación, y en Hechos, lo que hizo en Su exaltación. La obra de la mayoría de los hombres termina con su muerte, pero la de Cristo no ha hecho más que empezar. *Las obras que Yo hago, él las hará también; y aun mayores que estas hará, porque Yo voy al Padre* (Juan 14:12). Llamamos a este libro los Hechos de los Apóstoles, pero en realidad son los Hechos de la Iglesia (el cuerpo de Cristo).

Encontrarás la clave del libro en Hechos 1:8: *pero recibirán poder cuando el Espíritu Santo venga sobre ustedes; y serán Mis testigos en Jerusalén, en toda Judea y Samaria, y hasta los confines de la tierra.*

No habríamos visto las luchas de aquella Iglesia naciente si no fuera por Lucas. Tampoco habríamos sabido mucho de Pablo si no hubiera sido por Lucas.

Había cuatro ríos que salían del Edén (Génesis 2:10-14); aquí, en los Hechos, tenemos los cuatro Evangelios fluyendo en un solo canal. Creo que cuanto más nos acerquemos a la forma de presentar el evangelio de los apóstoles, más éxito tendremos. Algunos quieren llegar a los perdidos imitando al mundo. Es mucho mejor seguir el ejemplo de los apóstoles.

Hay diez grandes sermones en los Hechos, y creo que si los dominas bien tendrás una buena comprensión del libro y de cómo predicar. Cinco de los sermones fueron predicados por Pedro, uno por Esteban y cuatro por Pablo. La frase *"somos testigos"* recorre todo el libro. Sin embargo, hoy decimos: "Somos predicadores elocuentes". Parece que queremos estar por encima de ser simples testigos.

1. El sermón de Pedro el día de Pentecostés (Hechos 2). Alguien dijo que se necesitan unos tres mil sermones para convertir a un judío, pero aquí tres mil judíos se convirtieron por un solo sermón. Cuando Pedro testificó de Cristo y dio testimonio de que había muerto y resucitado, Dios lo honró, y hará lo mismo contigo.

> *Todo aquel que invoque el nombre del Señor será salvo.* (Hechos 2:21)

2. Pedro predica en el pórtico de Salomón (Hechos 3). Fue un sermón corto, pero hizo un buen trabajo. No llegaron allí hasta las tres de la tarde, y creo que los judíos no podían arrestar a un hombre después de la puesta del sol, y sin embargo, en ese corto espacio de tiempo, cinco mil se convirtieron. ¿Qué predicó? Escuchen:

> *Pero ustedes repudiaron al Santo y Justo, y pidieron que se les concediera un asesino, y dieron muerte al Autor de la vida, al que Dios resucitó de entre los muertos, de lo cual nosotros somos testigos. Por tanto, arrepiéntanse y conviértanse, para que sus pecados sean borrados, a fin de que tiempos de alivio vengan de la presencia del Señor.* (Hechos 3:14-15, 19)

3. Pedro predica a los sumos sacerdotes (Hechos 4:1-12). Habían arrestado a Pedro y a Juan y exigían saber con qué poder hicieron lo que hicieron. Pedro respondió: "*sepan todos ustedes, y todo el pueblo de Israel, que en el nombre de Jesucristo el Nazareno, a quien ustedes crucificaron y a quien Dios resucitó de entre los muertos, por Él, este hombre se halla aquí sano delante de ustedes.*" (Hechos 4:10). Cuando a John Bunyan, autor de *El progreso del peregrino*, le dijeron que lo dejarían en libertad si no predicaba más, dijo: "Si me dejan salir, predicaré mañana".

En ningún otro hay salvación, porque no hay otro nombre bajo el cielo dado a los hombres, en el cual podamos ser salvos.
(Hechos 4:12)

4. El testimonio de Pedro ante el consejo (Hechos 4:13-22). Les ordenaron a Pedro y a Juan que no predicaran en el nombre de Cristo. No sé qué habrían hecho si no pudieran predicar a Cristo. Algunos pastores de hoy en día no tendrían ningún problema; podrían arreglárselas muy bien sin predicar a Cristo. Todo lo que los discípulos sabían era lo que habían aprendido en esos tres años con Jesús, escuchando sus sermones y viendo sus milagros. Vieron las cosas y supieron que eran así, y cuando el Espíritu Santo descendió sobre ellos, no pudieron evitar hablarlas. La gente ve su vida y escucha sus palabras y concluyen que *Al ver la confianza de Pedro y de Juan, y dándose cuenta de que eran hombres sin letras y sin preparación, se maravillaban, y reconocían que ellos habían estado con Jesús* (Hechos 4:13)

5. El sermón de Esteban (Hechos 7:2-53). Esteban predicó el sermón más largo de los Hechos. El Dr. Bonar dijo: "¿Notaste alguna vez que cuando los judíos acusaron a Esteban de blasfemia contra la ley de Moisés, Dios iluminó el rostro de Esteban con la misma gloria que había dado al rostro de Moisés?"

Un viejo ujier de iglesia que era escocés le advirtió una vez a su nuevo pastor: "Puedes predicar todo lo que quieras sobre los pecados de Abraham, Isaac y Jacob, pero limítate a sus pecados y no te acerques a los nuestros si quieres quedarte aquí". A mucha gente de la iglesia no le importa condenar los pecados de los que están fuera de ella, pero no quieren ocuparse de los pecados de dentro de la iglesia. Esteban comenzó con los antepasados judíos, pero llegó hasta la reciente crucifixión, y los agitó.

> *Ustedes, que son tercos e incircuncisos de corazón y de oídos, resisten siempre al Espíritu Santo; como hicieron sus padres, así hacen también ustedes... Al oír esto, se sintieron profundamente ofendidos, y crujían los dientes contra él... Y mientras lo apedreaban, Esteban invocaba al Señor y decía: "Señor Jesús, recibe mi espíritu". Cayendo de rodillas, clamó en alta voz: "Señor, no les tomes en cuenta este pecado". Habiendo dicho esto, durmió.* (Hechos 7:51, 54, 59-60)

6. El último sermón de Pedro y el primer sermón a los gentiles (Hechos 10:34-45). Observa que se predica el mismo evangelio a los gentiles que a los judíos, y produce los mismos resultados.

> *De Él dan testimonio todos los profetas, de que por Su nombre, todo el que cree en Él recibe el perdón de los pecados. Mientras Pedro aún hablaba estas palabras, el Espíritu Santo cayó sobre todos los que escuchaban el mensaje.* (Hechos 10:43-44)

Ahora cambia el protagonista y entra en escena Pablo.

7. El sermón de Pablo en Antioquía de Pisidia (Hechos 13:16-41). Un viejo conocido me dijo una vez: "¿Qué estás predicando ahora? Espero que no sigas insistiendo en ese viejo evangelio". Sí, gracias a Dios, estoy difundiendo el viejo evangelio. Si quieres que la gente venga a escucharte, levanta a Cristo. Jesús dijo: *Pero Yo, si soy levantado de la tierra, atraeré a todos a Mí mismo* (Juan 12:32). Pablo predicó el evangelio de Jesucristo.

> *Por tanto, hermanos, sepan que por medio de Él les es anunciado el perdón de los pecados; y que de todas las cosas de que no pudieron ser justificados por la ley de Moisés, por medio de Él, todo aquel que cree es justificado. Tengan, pues, cuidado de que no venga sobre ustedes aquello de que se habla en los profetas.* (Hechos 13:38-40)

8. El sermón de Pablo a los atenienses (Hechos 17:22-31). Consiguió fruto en Atenas predicando el mismo evangelio de siempre a los filósofos.

> *Por tanto, habiendo pasado por alto los tiempos de ignorancia, Dios declara ahora a todos los hombres, en todas partes, que se arrepientan. Porque Él ha establecido un día en el cual juzgará al mundo en justicia, por medio de un Hombre a quien Él ha*

> *designado, habiendo presentado pruebas a todos los hombres cuando lo resucitó de entre los muertos.* (Hechos 17:30-31)

9. El sermón de Pablo, su testimonio, en Jerusalén (Hechos 22:1-21).

> *Y ahora, ¿por qué te detienes? Levántate y bautízate, y lava tus pecados invocando Su nombre.* (Hechos 22:16)

10. La defensa de Pablo ante Agripa (Hechos 26:1-29). Creo que este es el mejor sermón que Pablo ha predicado. Predicó el mismo evangelio ante Agripa y Festo que en Jerusalén. Predicó en todas partes el hecho poderoso de que Dios dio a Cristo como rescate por el pecado, que todo el mundo puede ser salvado confiando en Él.

> *Así que habiendo recibido ayuda de Dios, continúo hasta este día testificando tanto a pequeños como a grandes, no declarando más que lo que los profetas y Moisés dijeron que sucedería: que el Cristo había de padecer, y que por motivo de Su resurrección de entre los muertos, Él debía ser el primero en proclamar luz tanto al pueblo judío como a los gentiles.* (Hechos 26:22-23)

Hemos examinado el método telescópico para ver el panorama general. Permíteme ahora mostrar brevemente lo que quiero decir con el método microscópico.

Tomemos el primer versículo del Salmo 52: ¿*Por qué te jactas del mal, oh poderoso? La misericordia de Dios es constante.* Este versículo se divide naturalmente en dos partes: el hombre, por un lado, y Dios, por otro. El hombre, el mal; Dios, la misericordia. ¿Se dirige a algún hombre en particular? Sí, a Doeg el edomita, como sugiere el prefacio del salmo. Puedes encontrar la referencia histórica de este versículo y del salmo en 1 Samuel 22:9. Ahora toma una concordancia o una Biblia temática y estudia el tema de la jactancia. ¿Qué palabras significan lo mismo que jactarse? Un sinónimo es glorificar. ¿Se condena siempre la jactancia? ¿En qué nos prohíbe la Escritura la jactancia? ¿En qué se nos exhorta a gloriarnos?

> *Así dice el Señor: "No se gloríe el sabio de su sabiduría, ni se gloríe el poderoso de su poder, ni el rico se gloríe de su riqueza; Pero si alguien se gloría, gloríese de esto: De que me entiende y me conoce, pues Yo soy el Señor que hago misericordia, derecho y justicia en la tierra, porque en estas cosas me complazco», declara el Señor. "*
> (Jeremías 9:23-24)

Trata el tema del mal de manera similar. Luego pregúntate si esta jactancia, este mal, va a durar siempre. No. *Es breve el júbilo de los malvados, y un instante dura la alegría del impío* (Job 20:5). *He visto al impío, violento, extenderse como frondoso árbol en su propio suelo. Luego pasó, y ya no estaba; Lo busqué, pero no se pudo encontrar.* (Salmo 37:35-36).

La otra mitad del Salmo 52:1, *La misericordia de Dios es constante*, sugiere un estudio de la misericordia (o bondad) como atributo de Dios. ¿Cómo se manifiesta temporal y espiritualmente? ¿Qué versículos tenemos al respecto? ¿Es la misericordia de Dios condicional? ¿Está la misericordia de Dios en conflicto con Su justicia? Ahora, dado que el objetivo del estudio de la Biblia, así como de la predicación, es salvar a los perdidos, pregúntate si el evangelio está contenido en este texto. Ve a Romanos 2:4: ¿O tienes en poco las riquezas *de Su bondad y tolerancia y paciencia, ignorando que la bondad de Dios te guía al arrepentimiento?* Aquí el versículo lleva directamente al tema del arrepentimiento, y uno se levanta del estudio del versículo listo en cualquier momento para predicar un corto sermón que puede ser el medio para convertir a alguien.

Capítulo 12

Observa Y Aprende; Lee Y Memoriza

Conozco a algunos hombres que nunca se sientan a leer un libro de la Biblia hasta que tienen tiempo para leer todo el libro de una vez. Cuando llegan a Levítico o Números, o a cualquiera de los otros libros, lo leen todo de una sola vez. Obtienen la imagen completa del libro, y luego comienzan a estudiarlo capítulo por capítulo. Dean Stanley solía leer un libro tres veces por separado: primero por la historia, segundo por el pensamiento y tercero por el estilo literario. Es bueno tomar un libro entero a la vez. ¿Cómo se puede esperar entender una historia o un libro de texto científico si se lee un capítulo aquí y otro allá?

El Dr. A. T. Pierson dice: "Que la introducción cubra cinco Ps: en que parte (lugar) se escribió, persona que lo escribió, personas a las que se escribió, propósito por el que se escribió y periodo en el que se escribió".

Puede ser muy beneficioso obtener la imagen general de un libro de la Biblia, para luego analizarlo con más detenimiento. Puede ser bueno captar los puntos principales de los capítulos. Este método se ilustra con el siguiente plan que usamos con los alumnos de nuestra escuela de varones de Mount Hermon y de la escuela de mujeres de Northfield para intentar que se interesaran en él. Se trata de una forma de memorizar las Escrituras, de modo que se pueda recordar un pasaje para tener a la mano cuando surja la necesidad. Una mañana, durante el culto, les dije a los alumnos: "Mañana por la mañana, cuando venga, no leeré una porción de la Escritura, sino que tomaremos el primer capítulo del Evangelio de Juan y quiero que me digan de memoria lo que encuentran en ese capítulo. Cada uno aprenderá el versículo que le resulte más interesante". Así recorrimos todo el libro y nos aprendimos de memoria uno o dos versículos de cada capítulo.

Estos son los principales titulares que encontramos en los capítulos:

Capítulo 1. El llamado de los primeros cinco discípulos.

Eran como las cuatro de la tarde cuando Juan se levantó y dijo: *Ahí está el Cordero de Dios* (Juan 1:29). Dos de los discípulos de Juan siguieron entonces a Jesús, y uno de ellos, Andrés, salió y trajo a su hermano, Simón. Luego, Jesús encontró a Felipe cuando partía hacia Galilea, y Felipe encontró a Natanael, el hombre escéptico. Cuando vio a Cristo, sus ideas escépticas desaparecieron.

Memoriza los siguientes versículos:

> *A lo Suyo vino, y los Suyos no lo recibieron. Pero a todos los que lo recibieron, les dio el derecho de llegar a ser hijos de Dios, es decir, a los que creen en Su nombre.* (Juan 1:11-12)

Palabra clave: Recibir

Capítulo 2. Nos lo pasamos bien en este capítulo aprendiendo a obedecer

> *Su madre dijo a los que servían: Hagan todo lo que Él les diga.* (Juan 2:5)

Palabra clave: Obediencia

Capítulo 3. Este es un capítulo sobre la regeneración, o el nuevo nacimiento. Nos llevó más de un día terminar este capítulo. Este capítulo habla de un respetable religioso pecador y de cómo Jesús trató con él.

> *Porque de tal manera amó Dios al mundo, que dio a Su Hijo unigénito, para que todo aquel que cree en Él, no se pierda, sino que tenga vida eterna.* (Juan 3:16)

Palabra clave: Creer

Capítulo 4. Una pecadora de mala reputación y cómo Jesús trató con ella. Si hubiéramos estado tratando con ella, le habríamos dicho lo que Jesús le dijo a Nicodemo, pero Él la trató de manera diferente, como una persona individual. Ella vino por un cántaro de agua, y gracias a Dios, obtuvo todo un pozo lleno.

> *Dios es espíritu, y los que lo adoran deben adorar en espíritu y en verdad.* (Juan 4:24)

Palabra clave: Adorar

Capítulo 5. La divinidad de Cristo.

> *En verdad les digo: el que oye Mi palabra y cree al que me envió, tiene vida eterna y no viene a condenación, sino que ha pasado de muerte a vida.* (Juan 5:24)

Palabra clave: Sanidad

Capítulo 6. Lo llamamos el capítulo del *pan*. Si quieres un buen pan, entra en el sexto capítulo. Si te alimentas de este pan, vivirás para siempre.

> *Yo soy el pan vivo que descendió del cielo; si alguien come de este pan, vivirá para siempre; y el pan que Yo también daré por la vida del mundo es Mi carne.* (Juan 6:51)

Palabra clave: Comer

Capítulo 7. El capítulo del *agua*. Aquí tienes el agua

viva y la invitación de Cristo a toda alma sedienta para que venga a beber.

> *Si alguien tiene sed, que venga a Mí y beba.* (Juan 7:37)

Palabra clave: Beber

Capítulo 8. El capítulo de la *luz*. ¿De qué sirve tener luz si no se tienen ojos para ver? Hay que conseguir la vista que se encuentra en el siguiente capítulo.

> *Jesús les habló otra vez, diciendo: "Yo soy la Luz del mundo; el que me sigue no andará en tinieblas, sino que tendrá la Luz de la vida".* (Juan 8:12)

Palabras clave: Caminando en la luz

Capítulo 9. El capítulo de la *vista*. Había un hombre que nació ciego y Cristo le hizo ver.

> *Nosotros debemos hacer las obras del que me envió mientras es de día; la noche viene cuando nadie puede trabajar.* (Juan 9:4)

Palabra clave: Testificando

Capítulo 10. Aquí se encuentra el Buen Pastor.

> *Yo soy el buen pastor; el buen pastor da Su vida por las ovejas.* (Juan 10:11)

Palabra clave: Seguridad

Capítulo 11. El capítulo de *Lázaro*.

> *Jesús le contestó: "Yo soy la resurrección y la vida; el que cree en Mí, aunque muera, vivirá, y todo el que vive y cree en Mí, no morirá jamás. ¿Crees esto?"* (Juan 11:25-26)

Palabra clave: Resurrección

Capítulo 12. Aquí Cristo termina Su ministerio a la nación judía.

> *Pero Yo, si soy levantado de la tierra, atraeré a todos a Mí mismo.* (Juan 12:32)

Palabra clave: Salvación para todos

Capítulo 13. El capítulo de la *humildad*. Cristo lava los pies de sus discípulos.

> *Un mandamiento nuevo les doy: "que se amen los unos a los otros"; que como Yo los he amado, así también se amen los unos a los otros. En esto conocerán todos que son Mis discípulos, si se tienen amor los unos a los otros.* (Juan 13:34-35)

Palabra clave: Enseñando

Capítulo 14. El capítulo de la *mansión*.

> *Jesús le dijo: "Yo soy el camino, la verdad y la vida; nadie viene al Padre sino por Mí."*
> (Juan 14:6)

Palabra clave: Paz y tranquilidad

Capítulo 15. El capítulo de los *frutos*. La vid sólo puede dar frutos a través de las ramas.

> *Yo soy la vid, ustedes los sarmientos; el que permanece en Mí y Yo en él, ése da mucho fruto, porque separados de Mí nada pueden hacer.*(Juan 15:5)

Palabra clave: Gozo

Capítulo 16. La promesa del Espíritu Santo. Aquí se encuentra el secreto del poder y el Espíritu de consuelo y verdad.

> *Estas cosas les he hablado para que en Mí tengan paz. En el mundo tienen tribulación; pero confíen, Yo he vencido al mundo.*
> (Juan 16:33)

Palabra clave: Poder

Capítulo 17. Este capítulo contiene la oración de nuestro Señor.

> *No te ruego que los saques del mundo, sino que los guardes del maligno.* (Juan 17:15)

Palabra clave: Apartar

Capítulo 18. Cristo es arrestado. A pesar del arresto y el juicio de Jesús, Él permaneció en pleno control, sometiéndose voluntaria y humildemente para hacer la voluntad de Su Padre y traer la salvación al mundo perdido.

> *Y cuando Él les dijo: "Yo soy", retrocedieron y cayeron a tierra.* (Juan 18:6)

Palabras clave: En control

Capítulo 19. Cristo es crucificado. Jesús murió para pagar por nuestros pecados. Debemos vivir para Él. Si este fuera el último capítulo de Juan, sería un final muy triste; ¡pero hay más por venir!

> *Entonces Jesús, cuando hubo tomado el vinagre, dijo: " ¡Consumado es!". E inclinando la cabeza, entregó el espíritu.* (Juan 19:30)

Palabra clave: Muerte

Capítulo 20. Cristo resucita de entre los muertos.

*Y muchas otras señales hizo también
Jesús en presencia de Sus discípulos, que
no están escritas en este libro; pero estas
se han escrito para que ustedes crean que
Jesús es el Cristo, el Hijo de Dios; y para
que al creer, tengan vida en Su nombre.*
(Juan 20:30-31)

Palabra clave: Resurrección

Capítulo 21. Cristo vuelve a pasar un tiempo con Sus discípulos y les invita a cenar con Él.

*Este es el discípulo que da testimonio de
estas cosas y el que escribió esto, y sabemos que su testimonio es verdadero. Y hay
también muchas otras cosas que Jesús hizo,
que si se escribieran en detalle, pienso que
ni aun el mundo mismo podría contener los
libros que se escribirían.* (Juan 21:24-25)

Palabra clave: Ascensión

Capítulo 13

Tipos, Personajes Y Nombres

Otra forma de estudiar la Biblia es tomando cinco grandes divisiones: Historia, Tipo, Profecía, Milagro y Parábola.

Es muy interesante estudiar los tipos de la Biblia. Un tipo es la representación de una cosa que representa a otra. Por ejemplo, un cordero para el sacrificio podría ser un tipo, o representación, de Jesús. Hay muchos tipos en el Antiguo Testamento que representan a Jesús. Consigue un buen libro sobre el tema y te sorprenderás al ver lo mucho que te interesará. La Biblia está llena de patrones y tipos de nosotros mismos. Una objeción popular contra la Biblia es que habla de los fracasos de los hombres. Sin embargo, debemos recordar que el objetivo de la Biblia no es contar lo bueno que son los hombres, sino cómo los malos pueden llegar a ser buenos. Más aún, la Biblia está llena de tipos de Cristo. Los tipos son anticipaciones, y donde hay una señal, debe haber una esencia. Como dice John McNeill: "Si veo la sombra de un perro, sé que hay un perro".

Dios parece haber elegido este medio para enseñar a los israelitas sobre el Mesías prometido. Todas las leyes, ceremonias e instituciones relacionadas con Moisés y la ley y el tabernáculo apuntan a Cristo y Su muerte, sepultura y resurrección. Lee el libro del Éxodo y busca los tipos del Mesías. Los ojos iluminados ven a Cristo en todo. Por ejemplo, el tabernáculo era un tipo de la encarnación de Jesús. *El Verbo se hizo carne, y habitó entre nosotros* (Juan 1:14). El lavatorio tipificaba la santificación o la pureza. *Para santificarla, habiéndola purificado [la iglesia] por el lavamiento del agua con la palabra* (Efesios 5:26). Los candelabros tipifican a Cristo como la Luz del Mundo. El pan de la proposición tipificaba a Cristo como el Pan de la Vida. El sumo sacerdote era siempre un tipo de Cristo. Cristo fue llamado por Dios, al igual que Aarón. *Vive perpetuamente para interceder por ellos* (Hebreos 7:25). Fue consagrado con un juramento, y así sucesivamente.

La Pascua, el Día de la Expiación, la roca golpeada, los sacrificios, la ciudad de refugio y la serpiente de bronce, todo apunta a la obra expiatoria de Cristo. Adán era un hermoso símbolo. Piensa en los dos Adanes. Uno introdujo el pecado y la ruina en el mundo, y el otro lo abolió. Así que Caín se erige como el hombre natural representativo, y Abel como el hombre espiritual. Abel como pastor es un tipo de Cristo, el Pastor celestial. No hay un tipo más hermoso de Cristo en la Biblia que José. Fue odiado por sus hermanos, fue despojado de su túnica, fue vendido, encarcelado, ganó el favor, tuvo una cadena de oro alrededor de su cuello, y toda rodilla se dobló ante él. Una comparación de las vidas de José y Jesús muestra una sorprendente similitud en su experiencia.

La enfermedad de la lepra es un tipo del pecado. Es incurable para el hombre. Produce miseria y aflicción. Es traicionera en su naturaleza, y desde un pequeño comienzo obra la ruina completa. Separa a sus víctimas de sus semejantes, al igual que el pecado separa al hombre de Dios. *Pero las iniquidades de ustedes han hecho separación entre ustedes y su Dios, y los pecados le han hecho esconder Su rostro para no escucharlos* (Isaías 59:2). Como Cristo tuvo poder para limpiar al leproso, así por la gracia de Dios Su sangre nos limpia de toda iniquidad.

Si decimos que tenemos comunión con Él, pero andamos en tinieblas, mentimos y no practicamos la verdad. Pero si andamos en la Luz, como Él está en la Luz, tenemos comunión los unos con los otros, y la sangre de Jesús Su Hijo nos limpia de todo pecado.
(1 Juan 1:6-7)

- Adán representa la pecaminosidad innata del hombre.
- Abel representa la expiación.
- Enoc representa la comunión.
- Noé representa la regeneración.
- Abraham representa la fe.

- Isaac representa la condición de hijo.
- Jacob representa la disciplina y el servicio.
- José representa la gloria a través del sufrimiento.

Ya ves cómo el estudio de los tipos en la Biblia puede ser beneficioso. Otra buena manera de estudiar la Biblia es estudiar los personajes bíblicos; tomarlos desde la cuna hasta la tumba. Quizás encontrarás que los escépticos a menudo toman una parte particular de la vida de un hombre - digamos, de la vida de Jacob o de David - y juzgan sus vidas enteras por esa parte. Algunos dicen que estos hombres no eran santos típicos y que Dios no los castigó. Si se revisa la vida de estos hombres, se encontrará que Dios los castigó de acuerdo con los pecados que cometieron.

Una señora me dijo una vez que tenía problemas para leer la Biblia, que parecía no sentir el interés que debería. Si no mantienes el interés de una manera, prueba con otra. Sigue leyendo.

Otro estudio interesante es el significado de los nombres propios. Cada nombre en la Biblia, especialmente los nombres hebreos, tiene un significado propio. Fíjate en la diferencia entre Abram ("un padre elevado") y Abraham ("padre de una multitud"), y tendrás una clave de su vida. Otro ejemplo es Jacob ("suplantador") e Israel ("príncipe de Dios"). Los nombres de las tres hijas de Job eran Jemina ("Paloma"), Cesia ("Canela") y Keren Hapuc ("Frasquito de Maquillaje"). Estos nombres significan belleza, por lo que los furúnculos de Job no dejaron ninguna mancha.

Capítulo 14

Tómale La Palabra A Dios

De vez en cuando me encuentro con algunas personas que se jactan de haber leído toda la Biblia en tantos meses. Otros leen la Biblia capítulo a capítulo y la terminan en un año; eso está bien, pero creo que a veces sería bueno dedicar un año a un solo libro de la Biblia. Si yo fuera a un tribunal de justicia y quisiera ganarme al jurado, querría conseguir que todos los testigos pudieran testificar sobre el único punto en el que quisiera convencer al jurado. No conseguiría que testificaran sobre todo, sino sólo sobre esa cosa. Así debería ser con las Escrituras.

A veces es bueno estudiar un solo tema de la Biblia. Una vez estudié la palabra amor, y pasé muchas semanas estudiando los pasajes en los que aparece, hasta que por fin no pude evitar amar a la gente. Me había alimentado tanto del amor que estaba ansioso por hacer el bien a todos los que conocía.

Tomemos la palabra santificación. Preferiría tomar

mi concordancia y reunir los pasajes sobre la santificación y sentarme durante cuatro o cinco días y estudiarlos a fondo, en lugar de que la gente me diga lo que piensa al respecto.

Supongo que si se juntara todo el tiempo que he orado por fe, serían meses. Cuando era presidente de la Asociación Cristiana de Jóvenes en Chicago, solía decir: "Lo que necesitamos es fe; si sólo tuviéramos fe, podríamos poner Chicago patas arriba", o mejor dicho, de cabeza. Pensaba que algún día la fe bajaría y me golpearía como un rayo; pero la fe no parecía llegar. Un día leí en Romanos 10:17, *Así que la fe viene del oír, y el oír, por la palabra de Cristo*. Antes, cerraba mi Biblia y oraba para tener fe; ahora abrí mi Biblia y comencé a estudiar, y la fe ha ido creciendo desde entonces.

Por ejemplo, la justificación, la doctrina que convirtió a Martín Lutero en una gran fuerza. *El justo por la fe vivirá* (Romanos 1:17). Cuando ese pensamiento pasó por la mente de Martín Lutero mientras estaba en Roma subiendo de rodillas los veintiocho escalones de la Scala Sancta (aunque algunos niegan que esto ocurriera), se levantó y salió para ser una gran fuerza entre las naciones de la tierra. La justificación coloca al hombre ante Dios como si nunca hubiera pecado; está ante Dios como Jesucristo. Gracias a Dios, en Jesucristo podemos ser perfectos, pero no hay perfección aparte de Él. Dios mira en su libro de cuentas y dice: "Moody, tus deudas han sido todas pagadas por Otro; no hay nada contra ti". La gente necesita dejar de confiar en ellos mismos y en su religión y empezar a confiar en Jesús.

En *New England*, tal vez no haya una doctrina tan

atacada como la expiación. La expiación está anunciada en el jardín del Edén. Allí vemos a los inocentes sufriendo por los culpables, los animales sacrificados a causa del pecado de Adán. Lo encontramos en los días de Abraham, en los días de Moisés, y en todos los libros de Moisés y de los profetas. Está en el capítulo cincuenta y tres de Isaías y en la profecía de Daniel. Luego llegamos a los Evangelios, y Cristo dice: *Por eso el Padre me ama, porque Yo doy Mi vida para tomarla de nuevo. Nadie me la quita, sino que Yo la doy de Mi propia voluntad. Tengo autoridad para darla, y tengo autoridad para tomarla de nuevo.* (Juan 10:17-18).

El apóstol Pedro escribió: *Porque también Cristo murió por los pecados una sola vez, el justo por los injustos, para llevarnos a Dios, muerto en la carne pero vivificado en el espíritu.* (1 Pedro 3:18).

La gente habla de conversión. ¿Qué es la conversión? La mejor manera de averiguarlo es a través de la Biblia. Muchos no creen en las conversiones repentinas. Puedes morir en un momento. ¿No puedes recibir la vida eterna en un momento?

Cuando el Sr. Ira Sankey y yo estábamos en Europa, un hombre predicó un sermón contra lo que él creía que eran las doctrinas destructivas que íbamos a predicar, una de las cuales era la conversión repentina. Dijo que la conversión era una cuestión de tiempo y crecimiento. ¿Saben lo que hago cuando algún hombre predica en contra de las doctrinas que predico? Voy a la Biblia y averiguo lo que dice, y si tengo razón, les doy más del mismo tipo. Prediqué más sobre la conversión súbita en ese pueblo que en cualquier otro en el que estuve en mi vida. ¿Cuánto tardó el Señor en convertir a aquella mujer que encontró en el pozo de Sicar? ¿Cuánto tiempo tardó en convertir a aquella mujer adúltera en el templo, sorprendida en el acto mismo de adulterio? ¿Cuánto tiempo tardó en convertirse aquella mujer que le ungió los pies y se los enjugó con los cabellos de su cabeza? ¿No salió ella con la palabra de Dios resonando en sus oídos, *Tu fe te ha salvado, vete en paz*? (Lucas 7:50).

Me gustaría saber cuánto tardó el Señor en convertir a Zaqueo. No había ninguna señal de que Zaqueo se hubiera convertido cuando subió a ese sicómoro, pero ya estaba convertido cuando bajó, así que debe haberse convertido entre la rama y el suelo. Un trabajo bastante repentino, ¿no es así? Pero ustedes dicen: "Eso es porque Cristo estaba allí". Amigos, se convirtieron mucho más rápido después de que Él se fue que cuando estaba aquí. Pedro predicó, y tres mil se convirtieron en un día. En otra ocasión, después de las tres de la tarde, Pedro y Juan sanaron a un hombre en la puerta del templo y luego entraron y predicaron, y cinco mil judíos se añadieron a la iglesia antes de la noche. Esa fue una obra bastante repentina.

El profesor Drummond cuenta el ejemplo de un hombre que entró en una de nuestras reuniones posteriores y dijo que quería hacerse cristiano.

— Bueno, amigo mío, ¿cuál es el problema?

No quiso decírselo. Se agitó mucho. Finalmente, dijo:

— El hecho es que he usado mucho más dinero del que me corresponde — una forma educada de decir que había estado robando.

— ¿Has tomado el dinero de tu jefe?

— Sí.

— ¿Cuánto?

— No lo sé. Nunca llevé la cuenta.

— Bueno, ¿cree haber robado unos mil quinientos dólares el año pasado?

— Me temo que es esa cantidad.

— Ahora, mire, señor, no creo en las conversiones repentinas; no robe más de mil dólares el próximo año, y el año siguiente no más de quinientos, y en el transcurso de los próximos años llegará a no robar nada. Si su empleador le atrapa, dígale que se está convirtiendo, y con el tiempo llegará a no robar nada".

Amigos míos, esa forma de pensar es una pérdida de tiempo. *El que roba, no robe más*, dice la Biblia (Efesios 4:28). Es un cambio de rumbo.

Tomemos otra ilustración. Aquí viene un hombre y admite que se emborracha cada semana. Ese hombre viene a una reunión y quiere ser convertido. Yo digo: "No te apresure. Yo creo en hacer el trabajo gradualmente. No se emborrache y no le pegue a su esposa más de una vez al mes. ¿No sería refrescante para tu mujer pasar un mes entero sin que le peguen? Una vez al mes, ¡sólo doce veces en un año! ¿No se alegraría ella de tenerle convertido de esta nueva manera? Emborráchate sólo después de unos años en el aniversario de tu boda, y en Navidad, y entonces será efectivo porque es gradual".

Detesto todo ese tipo de enseñanza. Vayamos a la Biblia y veamos lo que enseña ese viejo Libro. Creámoslo y actuemos como si lo creyéramos también. La salvación es instantánea. Admito que un hombre puede convertirse de tal manera que no puede decir cuándo cruzó la línea entre la muerte y la vida, pero también creo que un hombre puede ser un ladrón en un momento y un santo al siguiente. Creo que un hombre puede ser tan vil como el mismo infierno en un momento y ser salvo al siguiente. Nuestras iglesias están llenas de personas que nunca se han convertido, cuyas vidas nunca han cambiado. Hay muchos que han tomado decisiones que nunca se han convertido.

El crecimiento cristiano es gradual, como lo es el crecimiento físico; pero un hombre pasa de la muerte a la vida eterna tan rápidamente como un acto de la mente: *El que cree en el Hijo tiene vida eterna* (Juan 3:36).

La gente dice que quiere tener una mentalidad celestial. Pues bien, lean sobre el Cielo y hablen de él. Una vez prediqué sobre el Cielo, y después de la reunión una señora vino a decirme: "Vaya, Sr. Moody, no sabía que había tantos versículos en la Biblia sobre el Cielo". Y yo no había mencionado ni uno de cada cien. Ella estaba asombrada de que hubiera tanto en la Biblia sobre el Cielo.

Cuando estás fuera de tu país, buscas noticias sobre tu país. Pasas por alto todo lo que aparece en el periódico hasta que tu ojo capta el nombre de tu propia ciudad o país. El hogar del cristiano está en el Cielo. Las Escrituras contienen nuestros títulos de propiedad de todo lo que valdremos cuando muramos. Si un testamento tiene tu nombre en él, ya no es un documento sin sentido para ti. ¿Por qué, entonces, los cristianos no se interesan más por la Biblia?

Por otra parte, la gente dice que no cree en los avivamientos. No hay ninguna denominación en el mundo que no haya surgido de un avivamiento. Las iglesias católica y episcopal afirman ser las iglesias apostólicas y haber surgido de Pentecostés, la iglesia luterana, de Martín Lutero, y así sucesivamente. Todas ellas surgieron de los avivamientos y, sin embargo, la gente habla en contra de los avivamientos. Yo hablaría tan pronto contra mi madre como contra un avivamiento. ¿No revivió el país bajo Juan el Bautista? ¿No fue bajo las enseñanzas de Cristo? La gente cree que porque en los avivamientos se producen algunos casos superficiales de conversión, hay que evitar los avivamientos. Se olvidan de la parábola del sembrador (Mateo 13), donde el mismo Jesús nos advierte de los oyentes emocionados que reciben la Palabra con alegría, pero que pronto se apartan. Si sólo uno de cada cuatro oyentes se convierte realmente, como en la parábola, el avivamiento ha hecho mucho bien.

Supongamos que pasas un mes estudiando la regeneración, o el reino de Dios, o la iglesia en el Nuevo Testamento, o la divinidad de Cristo, o el Día del Señor, o la santidad, o los atributos de Dios. Te ayudará en tu propia vida espiritual, y llegarás a ser un obrero que no necesita avergonzarse, dividiendo correctamente la Palabra de Verdad.

Haz un estudio del Espíritu Santo. Hay probablemente quinientos pasajes sobre el Espíritu Santo, y lo que debes hacer es estudiar este tema por ti mismo. Toma el regreso de nuestro Señor. Sé que es un tema debatido. Algunos dicen que Él vendrá al final del milenio, mientras que otros dicen que Él volverá antes del milenio. Lo que queremos es saber lo que dice la Biblia. ¿Por qué no vas a la Biblia y la estudias tú mismo? Tendrá más valor para ti que cualquier cosa que obtengas de cualquier otra persona. Deja los libros de ficción y ve a la Palabra de la Verdad.

Estudia lo que la Biblia dice sobre la separación - estar separado del mundo. Creo que un cristiano debe llevar una vida separada. La línea entre la iglesia y el mundo está casi borrada hoy en día. No tengo ninguna simpatía con la idea de que se deba buscar en el registro de la iglesia para averiguar si un hombre es miembro de la iglesia o no. Un hombre debe vivir de manera que todos sepan que es cristiano. La Biblia nos dice que debemos llevar una vida separada. Puede perder influencia, pero al mismo tiempo la ganará.

Supongo que Daniel era el hombre más impopular de Babilonia en cierto momento, pero gracias a Dios, sobrevivió a todos los demás hombres de su tiempo. ¿Quiénes eran los principales hombres de Babilonia? No recordamos a los demás, pero sí a Daniel. Cuando Dios quería que se hiciera algún trabajo en Babilonia, sabía dónde encontrar a alguien que lo hiciera. Se puede estar en el mundo, pero no ser de él. Cristo no sacó a Sus discípulos del mundo, sino que oró para que fueran guardados del mal (Juan 17). Un barco en el agua está bien, pero cuando el agua entra en el barco, entonces cuidado. Un cristiano mundano es como un barco que naufraga en el mar.

Recuerdo una vez que pasé un tiempo estudiando la gracia de Dios. No sabía la diferencia entre la ley y la gracia. Cuando esa verdad cayó sobre mí y vi la diferencia, estudié durante toda una semana sobre la gracia y me llené tanto que no podía quedarme en casa. Le dije al primer hombre que conocí: "¿Sabe usted algo sobre la gracia de Dios?". Él pensó que yo era un lunático, pero me extendí hablando durante una hora sobre la gracia de Dios.

Estudia el tema de la oración. En su sermón "Los dos guardias, orar y velar", Charles Spurgeon dijo:

> Para una verdadera cita con el trono de misericordia, dame una oración hecha en casa, una oración que salga de lo más profundo de mi corazón, no porque yo la haya inventado, sino porque Dios el Espíritu Santo la puso allí, y le dio una fuerza tan viva que no pude evitar dejarla salir. Aunque tus palabras estén rotas y tus frases sean inconexas, si tus deseos son sinceros, si son como carbones de enebro que arden con una llama ardiente, a Dios no le importará cómo se expresan. Si no tienes palabras, tal vez ores mejor sin ellas. Hay oraciones que rompen el espesor de las palabras; son demasiado pesadas para que cualquier lenguaje humano pueda cargarlas.

Algunas personas dicen: "No creo en la seguridad de la salvación". Nunca conocí a nadie que leyera la Biblia que no creyera en la seguridad de la salvación. Este libro no enseña otra cosa. Pablo dice, *Porque yo sé en quién he creído* (2 Timoteo 1:12). Job dice, *Yo sé que mi Redentor vive* (Job 19:25). No es "espero" o "confío", sino "lo sé".

El mejor libro sobre la seguridad de la salvación fue escrito por un hombre llamado Juan, y se encuentra en la parte posterior de la Biblia. Juan escribió una epístola sobre este tema. La llamamos Primera Carta de Juan. Ahora si vamos a Juan 20:31, encontraremos que dice *Pero estas se han escrito para que ustedes crean que Jesús es el Cristo, el Hijo de Dios; y para que al creer, tengan vida en Su nombre*. Entonces, si vas a Primera de Juan 5:13, leerás esto: *Estas cosas les he escrito a ustedes que creen en el nombre del Hijo de Dios, para que sepan que tienen vida eterna*. Toda esa epístola está escrita sobre la seguridad de la salvación. No tengo duda de que Juan había encontrado a algunas personas que cuestionaban la seguridad de la salvación y dudaban si eran salvos, así que tomó su pluma y dijo: "Voy a resolver este asunto", y escribió ese último verso en el vigésimo capítulo de su evangelio.

He escuchado a algunas personas decir que no eran capaces de saber si eran salvos. Habían escuchado al pastor decir que nadie podía saber si eran salvos o no, y creían lo que el pastor decía en lugar de lo que decía la Palabra de Dios. Otros leen la Biblia para hacerla encajar y probar su credo o nociones favoritas, y si no lo hace no la leen más. Se ha dicho bien que no debemos leer la Biblia con la luz azul del presbiterianismo, ni con la luz roja del metodismo, ni con la luz violeta del episcopalismo, sino con la luz del Espíritu de Dios. Si tomas tu Biblia y estudias la seguridad de la salvación durante una semana, pronto verás que es tu privilegio saber que eres un hijo de Dios.

Entonces toma las promesas de Dios. Que un hombre se alimente durante un mes de las promesas de Dios, y no hablará de su pobreza y de lo abatido que está y de los problemas que tiene día a día. Se oye decir a la gente: "¡Oh, qué inepto soy! No soy capaz de conocer mejor a Dios". Amigos míos, no es insuficiencia, sino pereza. Si tan sólo fueran desde el Génesis hasta el Apocalipsis y vieran todas las promesas de Dios a Abraham, a Isaac, a Jacob, a los judíos y a los gentiles, y a todo Su pueblo en todas partes; si pasaran un mes alimentándose de las preciosas promesas de Dios, no andarían con sus cabezas colgando como juncos, quejándose de lo pobres que son, sino que levantarían sus cabezas con confianza y proclamarían las riquezas de su gracia, porque no podrían evitarlo.

Después del incendio de Chicago, un hombre se acercó a mí y me dijo en tono compasivo:

— Moody, tengo entendido que lo has perdido todo en el incendio de Chicago.

— Pues entonces —, le dije, — alguien le ha informado mal.

— ¡En efecto! Me dijeron que lo habías perdido todo.

— No, es un error —, dije, — todo un error.

— ¿Te queda mucho, entonces? —, preguntó mi amigo.

— Sí —, respondí, — me queda mucho más de lo que perdí, aunque no puedo decir cuánto he perdido.

— Pues me alegro, Moody; no sabía que fueras tan rico antes del incendio.

— Sí —, dije, — soy mucho más rico de lo que

podrías concebir; y aquí está mi título de propiedad: *El vencedor heredará estas cosas*" (Apocalipsis 21:7).

Dicen que los Rothschild no pueden decir cuánto valen, y ese es justo mi caso. Todas las cosas del mundo son mías; soy coheredero con Jesús, el Hijo de Dios. Alguien ha dicho: "Dios hace una promesa, la fe la cree, la esperanza la anticipa y la paciencia la espera tranquilamente".

Capítulo 15

Una Palabra A La Vez

Otra forma de estudiar la Biblia es tomar una palabra y seguirla con la ayuda de una concordancia, o tomar una sola palabra que recorra un libro. Hace algún tiempo, fui maravillosamente bendecido al tomar las siete Bienaventuranzas del libro del Apocalipsis. Si Dios no quisiera que entendiéramos el libro del Apocalipsis, no nos lo habría dado. Mucha gente dice que es tan oscuro y misterioso que los lectores comunes no pueden entenderlo. Sigamos profundizando en él, y empezaremos a entenderlo mejor. Alguien dice que es el único libro de la Biblia que habla sobre el encadenamiento del Diablo, y como el Diablo lo sabe, va de un lado a otro de la cristiandad y dice: "Es inútil leer el Apocalipsis; no puedes entender el libro. Es demasiado difícil para ti". El hecho es que él no quiere que usted entienda sobre su propia derrota. Solo hay que ver las Bienaventuranzas que contiene el libro:

1. *Bienaventurado el que lee y los que oyen las*

> *palabras de la profecía y guardan las cosas que están escritas en ella, porque el tiempo está cerca.* (Apocalipsis 1:3)
>
> 2. *Bienaventurados los muertos que de aquí en adelante mueren en el Señor. "Sí", dice el Espíritu, "para que descansen de sus trabajos, porque sus obras van con ellos"* (Apocalipsis 14:13)
>
> 3. *Bienaventurado el que vela y guarda sus ropas.* (Apocalipsis 16:15)
>
> 4. *Bienaventurados los que están invitados a la cena de las Bodas del Cordero.* (Apocalipsis 19:9)
>
> 5. *Bienaventurado y santo es el que tiene parte en la primera resurrección. La muerte segunda no tiene poder sobre estos sino que serán sacerdotes de Dios y de Cristo, y reinarán con Él por mil años.* (Apocalipsis 20:6)
>
> 6. *Bienaventurado el que guarda las palabras de la profecía de este libro.* (Apocalipsis 22:7)
>
> 7. *Bienaventurados los que lavan sus vestiduras para tener derecho al árbol de la vida y para entrar por las puertas a la ciudad.* (Apocalipsis 22:14)

O puedes tomar los ocho *vencedores* en el Apocalipsis, y serás maravillosamente bendecido por ellos. Te llevan hasta el trono del cielo; por ellos subes al trono de Dios.

He sido muy bendecido al pasar por los *cree* de Juan.

Todos los capítulos, excepto el tercero, hablan de creer. Como dije antes, Juan escribió su evangelio para que creamos. Todo en él es "¡Cree! Cree!" Si quieres persuadir a una persona de que Cristo es el Hijo de Dios, el evangelio de Juan es el libro para él.

Toma las ocho cosas *preciosas* de las epístolas de Pedro, los siete *andares* de la epístola a los Efesios, o los cinco *mucho más que* de Romanos 5. Estudia los tres *lo recibieron* de Juan 1 y los ocho *corazones* en Proverbios 23.

Examina el *temor del SEÑOR* en Proverbios:

- *El temor del SEÑOR es aborrecer el mal.* (8:13)

- *El principio de la sabiduría es el temor del SEÑOR.* (9:10)

- *El temor del SEÑOR multiplica los días.* (10:27)

- *En el temor del SEÑOR hay confianza segura.* (14:26)

- *El temor del SEÑOR es fuente de vida.* (14:27)

- *Mejor es poco con temor del SEÑOR, que gran tesoro con turbación.* (15:16)

- *El temor del SEÑOR es instrucción de sabiduría.* (15:33)

- *Con el temor del SEÑOR el hombre se aparta del mal.* (16:6)

- *El temor del SEÑOR conduce a la vida, para poder dormir satisfecho.* (19:23)
- *La recompensa de la humildad y el temor del SEÑOR son la riqueza, el honor y la vida.* (22:4)
- *Vive siempre en el temor del SEÑOR.* (23:17)

Un amigo me dio unas palabras clave hace poco. Dijo que Pedro escribió sobre la esperanza: Cuando aparezca el Príncipe de los pastores (1 Pedro 5:4). La nota clave de los escritos de Pablo parecía ser la fe, y la de los de Juan, el amor. La fe, la esperanza y el amor eran las características de los tres hombres, las claves de todas sus enseñanzas. Santiago escribió sobre las buenas obras, y Judas sobre la apostasía.

Para las epístolas generales de Pablo, alguien sugirió que Pablo enfatiza la frase *en Cristo*. En el libro de Romanos, encontramos la justificación por la fe *en Cristo*. En Corintios se presenta la santificación *en Cristo*. En el libro de Gálatas, vemos la adopción o la libertad *en Cristo*. Efesios presenta la plenitud *en Cristo*; Filipenses, la consolación *en Cristo*. En Colosenses, tenemos la plenitud *en Cristo*. Tesalonicenses nos da la esperanza *en Cristo*.

Capítulo 16

Marca Mi Palabra

No tengas miedo de pedir prestadas y prestar Biblias. Hace algún tiempo, un hombre quiso llevarse mi Biblia a casa para sacar algunas cosas de ella, y cuando la devolvió, encontré esto anotado en ella:

Justificación: un cambio de estado, una nueva posición ante Dios.

Arrepentimiento: un cambio de mentalidad, una nueva mentalidad respecto a Dios.

Regeneración: un cambio de naturaleza, un nuevo corazón de Dios.

Conversión: un cambio de vida, una nueva vida para Dios.

Adopción: un cambio de familia, una nueva relación hacia Dios.

> *Santificación: un cambio de servicio, una separación hacia Dios.*
>
> *Glorificación: un nuevo estado, una nueva condición con Dios.*

En la misma letra encontré estas líneas:

> *Sólo Jesús:*
>
> *La luz del cielo es el rostro de Jesús.*
>
> *La alegría del cielo es la presencia de Jesús.*
>
> *La melodía del cielo es el nombre de Jesús.*
>
> *El tema del cielo es la obra de Jesús.*
>
> *El empleo del cielo es el servicio de Jesús.*
>
> *La plenitud del cielo es Jesús mismo.*
>
> *La duración del cielo es la eternidad de Jesús.*

Sir Francis Bacon dijo que algunos libros son para ser saboreados, otros para ser tragados y otros para ser masticados y digeridos. La Biblia es un libro que nunca se puede agotar. Es como un pozo sin fondo. Siempre puedes encontrar nuevas verdades brotando de sus páginas. Esa es la gran fascinación del estudio constante y serio de la Biblia. Esta es también la razón para marcar tu Biblia. A menos que tengas una memoria poco común, no puedes recordar por mucho tiempo las cosas buenas que escuchas. Si confías sólo en tus oídos, esas cosas buenas que oyes se te escaparán en un día o dos; pero si marcas tu Biblia y te ayudas de tus ojos, nunca las perderás. Lo mismo ocurre con lo que lees.

El marcado de la Biblia debe hacerse al servicio de la memoria. Si se hace bien, agudiza la memoria en lugar de entorpecerla, porque da importancia a ciertas cosas que llaman la atención, que por la lectura constante se llegan a aprender de memoria. Ayuda a localizar los textos. Te ahorra el trabajo de escribir notas para tus clases o debates. Una vez en el margen, está siempre a mano.

He llevado una Biblia conmigo durante muchos años. Vale mucho para mí porque tengo tantos pasajes marcados en ella que si me llaman para hablar en cualquier momento, estoy preparado. Tengo pequeñas palabras marcadas en los márgenes, y son un sermón para mí. Ya sea que hable sobre la fe, la esperanza, el amor, la seguridad de la salvación o cualquier otro tema, todo vuelve a mí; y por más que me llamen inesperadamente a predicar, siempre estoy listo.

Todo hijo de Dios debe ser como un soldado y estar siempre preparado. Si el ejército de la Reina de Inglaterra recibiera la orden de ir a la India mañana, sus soldados estarían listos para el viaje; pero los soldados del ejército de Dios no pueden estar listos si no estudian la Biblia. Cada vez que escuches algo bueno, escríbelo, porque si es bueno para ti, será bueno para alguien más, y debemos pasar la moneda del cielo como lo hacemos con el dinero en esta vida. Un solo dólar puede viajar por toda esta tierra, y el bien que obtenemos de la Palabra de Dios puede hacer lo mismo. No lo guardes para ti solo.

Hay gente que me dice que no tiene nada que decir. Porque la boca habla de lo que llena el corazón

(Mateo 12:34). Llénate de la Escritura, y entonces no podrás evitar decirlo. Se dice por sí misma. Mantén al mundo fuera de tu corazón llenándote de otra cosa. Algunas personas no tienen problema en hablar de deportes, pero no pueden hablar mucho de las Escrituras. Eso te dice lo que hay en sus corazones. Un hombre una vez trató de construir una máquina voladora. Hizo unas alas y las llenó de gas. Dijo que no podía volar del todo, pero el gas era más ligero que el aire y le ayudó a sobrepasar muchos obstáculos. Cuando tú obtienes estas verdades celestiales, son más ligeras que el aire aquí abajo y te ayudarán a sobrepasar los problemas.

El marcado de la Biblia hace que la Biblia sea un libro nuevo para ti. Si hubiera un abedul blanco a menos de un cuarto de milla de la casa de tu infancia, lo recordarías toda tu vida. Marca tu Biblia, y en lugar de que sea seca y sin interés, se convertirá en un libro hermoso para ti. Lo que ves causa una impresión más duradera en tu memoria que lo que oyes.

Hay muchos métodos para marcar. Algunos utilizan tintas o lápices de seis u ocho colores. Utilizan el negro para marcar los textos que se refieren al pecado, el rojo para todas las referencias a la cruz, el azul para todas las referencias al Cielo, etc. Otros inventan símbolos. Cuando hay alguna referencia a la cruz, ponen una crucecita al margen. Algunos escriben E que significa el evangelio *(G en inglés)*.

Existe el peligro de exagerar y hacer que sus marcas sean más prominentes que la propia Biblia. Si el sistema es complicado, se convierte en una carga y es probable que te confundas; entonces es más fácil recordar el texto que el significado de tus marcas.

La tinta negra es suficiente para la mayoría de los propósitos. Yo no utilizo ninguna otra, salvo que a veces uso tinta roja para llamar la atención sobre "la sangre".

La forma más sencilla de marcar es subrayar las palabras o hacer un trazo junto al versículo. Otra buena manera es repasar las letras impresas con el bolígrafo, haciendo las letras más gruesas. La palabra resaltará entonces como un tipo más pesado. Marca la palabra *sólo (o solamente)* en el Salmo 62 de esta manera.

> *En Dios **solamente** espera en silencio mi alma; de Él viene mi salvación. **Sólo** Él es mi roca y mi salvación, mi baluarte, nunca seré sacudido. ¿Hasta cuándo atacarán a un hombre, todos ustedes, para derribarlo, como pared inclinada, como cerca que se tambalea? Ellos **solamente** consultan para derribarlo de su eminencia; En la falsedad se deleitan; bendicen con la boca, pero por dentro maldicen. Alma mía, espera en silencio **solamente** en Dios, pues de Él viene mi esperanza. **Solo** Él es mi roca y mi salvación, mi refugio, nunca seré sacudido.* (Salmo 62:1-6)

Cuando alguna palabra o frase se repite con frecuencia en un capítulo o libro, pon números consecutivos en el margen al lado del texto. Así, en el segundo capítulo de Habacuc, encontramos cinco ayes contra cinco pecados comunes: (1) versículo 6, (2) versículo 9, (3) versículo 12, (4) versículo 15 y (5) versículo 19. Numera las diez plagas de Egipto de esta manera también.

Cuando hay una sucesión de promesas o mandatos en un versículo, es mejor escribir números pequeños al principio de cada promesa por separado. Así, hay una promesa séptima a Abraham en Génesis 12:2-3: *(1) Haré de ti una nación grande, (2) y te bendeciré (3) engrandeceré tu nombre; (4) y serás bendición. (5) Y bendeciré a los que te bendigan (6) y al que te maldiga, maldeciré (7) y en ti serán benditas todas las familias de la tierra.*

En Proverbios 1:22, tenemos (1) simples, (2) burladores y (3) necios.

También me parece útil marcar lo siguiente:

1. Referencias cruzadas. Junto a Génesis 1:1, escribe: "Por la fe, Hebreos 11:3", porque allí leemos: *Por la fe entendemos que el universo fue preparado por la palabra de Dios.* Junto a Génesis 28:12 escribe: "Una respuesta a la oración, Génesis 35:3". Junto a Mateo 6:33 escribe: "1 Reyes 3:13 y Lucas 10:42", que ilustran la búsqueda del reino de Dios en primer lugar. Junto a Génesis 37:7 escribe: "Génesis 50:18", que es el cumplimiento del sueño.

2. Conexiones de tren de ideas. Son conexiones hechas por líneas finas que atraviesan la página. En Daniel 6, conecta Él te librará (v. 16), *te ha podido librar* (v. 20), Él es el

que libra y rescata y *ha librado* (v. 27). En el Salmo 66, conecta *Vengan y vean* (v. 5) con *Vengan y oigan* (v. 16).

3. Palabras que han cambiado de significado, o en las que se puede explicar una dificultad, o en las que el español no aporta todo el significado del original, como ocurre a veces con los nombres de Dios.

4. Divisiones desafortunadas de los capítulos. El último versículo de Juan 7 dice: Cada uno se fue a su casa. El capítulo 8 comienza así: Jesús fue al Monte de los Olivos. El capítulo no debería dividirse aquí.

5. Anota cualquier texto que marque una crisis religiosa en tu vida. Una vez escuché al reverendo F. B. Meyer predicar sobre 1 Corintios 1:9, y pidió a sus oyentes que escribieran en sus Biblias que ese día habían sido llamados a la comunión con su Hijo, Jesucristo nuestro Señor.

Cuando un predicador dé un texto y predique un sermón que te afecte, marca el texto en tu Biblia; pon unas cuantas palabras al margen, como palabras clave que te hagan recordar todo el sermón. Mediante ese plan de hacer unas cuantas notas en el margen, puedo recordar sermones que escuché hace años y años. Todo hombre debería anotar algunas de las palabras e ideas del predicador, y luego ir a predicarlas de nuevo a otros. Deberíamos tener cuatro oídos: dos para nosotros y dos para otras personas. Entonces, si estás en un pueblo nuevo y no tienes nada más que decir, salta y di: "He oído a alguien decir tal cosa". La gente debería estar siempre contenta de escucharte si les das el alimento celestial. El mundo perece por falta de este.

Hace algunos años, oí a un inglés en Chicago predicar a partir de un texto curioso: *Cuatro cosas son pequeñas en la tierra, pero son sumamente sabias* (Proverbios 30:24). "Bueno", me dije, "¿qué hará con estas pequeñas cosas? Las he visto muchas veces".

Entonces siguió hablando: Las hormigas, pueblo sin fuerza, que preparan su alimento en el verano. Dijo que el pueblo de Dios es como las hormigas.

"Bueno", pensé, "he visto muchas de ellas, pero nunca he visto una como yo".

"Son como las hormigas", dijo, "porque están acumulando un tesoro en el cielo, y preparándose para el futuro; pero el mundo se apresura locamente y se olvida del mandato de Dios de acumular para nosotros tesoros incorruptibles."

Los *tejones, pueblo sin poder, que hacen su casa en la peña* (Prov. 30:26). Dijo: "Los tejones (*shephanim en hebreo*) son animales muy débiles; si golpearas uno de ellos con un palo, podrías matarlo; pero son muy sabios, pues construyen sus casas en las rocas, donde están fuera de peligro. El pueblo de Dios es muy sabio, aunque muy débil; porque construye sobre la Roca de las Edades, y esa Roca es Cristo."

"Bueno", dije, "ciertamente soy como los tejones".

Luego vino el siguiente versículo: *Las langostas,*

que no tienen rey, pero todas salen en escuadrones (Prov. 30:27). Me pregunté qué iba a hacer con eso.

"El pueblo de Dios", dijo, "no tiene rey aquí abajo. El mundo dijo: 'César es nuestro rey', pero no es nuestro rey; nuestro rey es el Señor de los Ejércitos. Las langostas salen en escuadrones, o grupos; lo mismo hace el pueblo de Dios. Aquí hay un grupo presbiteriano, aquí un grupo episcopal, otro bautista, aquí un grupo metodista, y así sucesivamente; pero en Su tiempo, el gran Rey vendrá y recogerá todos estos grupos separados, y todos serán uno: un solo rebaño y un solo Pastor".

Y cuando escuché esa explicación, dije: "Me gustaría ser como las langostas". Me he puesto tan enfermo, amigos míos, este miserable sectarismo, que desearía que todo fuera barrido. Ya tenemos suficientes denominaciones y divisiones.

El predicador continuó: La araña que atrapas con la mano, y está en palacios de rey (RV60 Prov. 30:28).

Cuando llegó a la araña, dije: "No me gusta nada eso; no me gusta la idea de que me comparen con una araña".

"Pero", dijo, "si entras en el palacio de un rey, ahí está la araña colgada en su delicada telaraña, mirando con desprecio y desdén la elaborada sala llena de oro; está echando mano de las cosas de arriba. Y así, cada hijo de Dios debe ser como la araña y aferrarse a las cosas invisibles de Dios. Veis, pues, hermanos míos, que nosotros, que somos el pueblo de Dios, somos como las hormigas, los tejones, las langostas y las arañas: cosas pequeñas, pero sumamente sabias". Lo anoté en el margen de mi Biblia, y su recuerdo me hace tanto bien ahora como cuando lo oí por primera vez.

Un amigo mío estaba en Edimburgo, y escuchó a uno de los principales pastores presbiterianos escoceses. Había estado predicando a partir de Apocalipsis 1:7: *Todo ojo lo verá*, y concluyó diciendo: "Sí, todo ojo. Adán lo verá, y cuando lo haga, dirá: 'Este es el que me fue prometido en aquel oscuro día en que caí'; Abraham lo verá y dirá: 'Este es el que vi de lejos, pero ahora cara a cara'; María lo verá, y cantará su canción con nuevo interés. Y yo también lo veré, y cuando lo haga, cantaré: 'Roca de la eternidad, fuiste abierta tu por mí'".

Aquí hay algunos ejemplos más que pueden ser útiles para ti.

Ve a Éxodo 6:6-8. En estos versículos, encontramos siete "yo haré", cosas que Dios hará por Su Pueblo:

> *Por tanto, dile a los israelitas: "Yo soy el SEÑOR, y los sacaré de debajo de las cargas de los egipcios. Los libraré de su esclavitud, y los redimiré con brazo extendido y con grandes juicios. Los tomaré a ustedes por pueblo Mío, y Yo seré su Dios. Sabrán que Yo soy el Señor su Dios, que los sacó de debajo de las cargas de los egipcios. Los traeré a la tierra que juré dar a Abraham, a Isaac y a Jacob, y se la daré a ustedes por heredad. Yo soy el SEÑOR".*

Mira ahora Isaías 41:10: *No temas, porque Yo estoy contigo; no te desalientes, porque Yo soy tu Dios. Te fortaleceré, ciertamente te ayudaré, Sí, te sostendré con la diestra de Mi justicia.*

Fíjate en lo que dice Dios:

- Él está con su siervo.
- Él es tu Dios.
- Él te fortalecerá.
- Él te ayudará.
- Él te sostendrá.

Ve al Salmo 103:2: *Bendice, alma mía, al Señor, y no olvides ninguno de Sus beneficios.* Si no puedes recordar todos estos beneficios, recuerda lo que puedas. En los siguientes tres versículos, hay cinco cosas que debes anotar y recordar:

> *Él es el que perdona todas tus iniquidades, el que sana todas tus enfermedades; el que rescata de la fosa tu vida, el que te corona de bondad y compasión; el que colma de bienes tus años, para que tu juventud se renueve como el águila.* (Salmo 103:3-5)

- Dios *perdona* todas tus iniquidades.
- Dios *sana* todas tus enfermedades.
- Dios *rescata* tu vida de la destrucción.
- Dios te *corona* de bondad y compasión.
- Dios *satisface* de bienes tus años.

Veamos el Salmo 23. Supongo que he escuchado tantos

buenos sermones sobre el salmo 23 como sobre cualquier otro pasaje de seis versículos de la Biblia. Ojalá hubiera empezado a tomar notas sobre ellos hace años, cuando escuché el primero. Las cosas se te escapan cuando llegas a los cincuenta años de edad. Es mejor que los jóvenes se entrenen de inmediato.

> *El Señor es mi pastor, nada me faltará. En lugares de verdes pastos me hace descansar; junto a aguas de reposo me conduce. Él restaura mi alma; me guía por senderos de justicia por amor de Su nombre. Aunque pase por el valle de sombra de muerte, no temeré mal alguno, porque Tú estás conmigo; Tú vara y Tu cayado me infunden aliento. Tú preparas mesa delante de mí en presencia de mis enemigos; has ungido mi cabeza con aceite; mi copa está rebosando. Ciertamente el bien y la misericordia me seguirán todos los días de mi vida, y en la casa del Señor moraré por largos días. (Salmo 23)*

Lo que podemos anotar de este salmo

- Conmigo: el Señor
- Debajo de mí: pastos verdes
- A mi lado: aguas tranquilas
- Delante de mí: una mesa
- A mi alrededor: mis enemigos
- Tras de mí: bondad y misericordia

- Delante de mí: la casa del Señor

"¡Bendito sea el día en que nació el Salmo 23"! , dice un viejo predicador. Ha sido más utilizado que casi cualquier otro pasaje de la Biblia.

He aquí otra forma de ver el Salmo 23:

Verso 1: Una vida feliz

Verso 4: Una muerte feliz

Verso 6: Una muerte feliz Una eternidad feliz

Tomemos el Salmo 102:6-7: *Me parezco al pelícano del desierto; como el búho de las soledades he llegado a ser. No puedo dormir; soy cual pájaro solitario sobre un tejado.*

Esto parece extraño hasta que se reflexiona que el pelícano lleva su comida consigo, el búho mantiene sus ojos abiertos durante la noche, y el gorrión vigila solo. Así, el cristiano debe llevar su comida, la Biblia, con él, y debe mantener sus ojos abiertos y vigilar solo.

Volvamos a Isaías 32 y marquemos cuatro cosas que Dios promete en el versículo 2: *Cada uno será como refugio contra el viento y un abrigo contra la tormenta, como corrientes de agua en tierra seca, como la sombra de una gran peña en tierra árida.*

Aquí tenemos:

- El escondite del peligro
- El refugio de la tempestad
- Los ríos de agua
- La roca eterna

En los versículos tercero y cuarto del mismo capítulo leemos: *No se cegarán entonces los ojos de los que ven, y los oídos de los que oyen escucharán. El corazón de los imprudentes discernirá la verdad, y la lengua de los tartamudos se apresurará a hablar claramente.*

Tenemos ojos, oídos, corazón y lengua, todos listos para rendir homenaje al Rey de la Justicia.

Ahora vayamos a Juan 4:47-53 en el Nuevo Testamento:

Cuando él oyó que Jesús había venido de Judea a Galilea, fue a Su encuentro y le suplicaba que bajara y sanara a su hijo, porque estaba al borde de la muerte. Jesús entonces le dijo: "Si ustedes no ven señales y prodigios, no creerán". El oficial del rey le dijo: "Señor, baja antes de que mi hijo muera". "Puedes irte, tu hijo vive", le dijo Jesús. Y el hombre creyó la palabra que Jesús le dijo, y se fue. Y mientras bajaba a su casa, sus siervos le salieron al encuentro y le dijeron que su hijo vivía. Entonces les preguntó a qué hora había empezado a mejorar. Y le respondieron: "Ayer a la una de la tarde se le quitó la fiebre". El padre entonces se dio cuenta que fue a la hora en que Jesús le dijo: "Tu hijo vive". Y creyó él con toda su casa.

- El noble oyó hablar de Jesús.

- El noble fue a Él.
- El noble le imploró.
- El noble le creyó.
- El noble supo que su oración fue contestada.

Mira Mateo 11:28-30:

> *"Vengan a Mí, todos los que están cansados y cargados, y Yo los haré descansar. Tomen Mi yugo sobre ustedes y aprendan de Mí, que Yo soy manso y humilde de corazón, y hallarán descanso para sus almas. Porque Mi yugo es fácil y Mi carga ligera".*

Alguien ha dicho que estos versos contienen la única descripción que tenemos del corazón de Cristo.

- Algo que hacer: venir a Jesús
- Algo que dejar: tu carga
- Algo que tomar: Su yugo
- Algo que encontrar: descanso para tu alma

Veamos uno más: Juan 14:6: *Yo soy el camino, la verdad y la vida.*

- El camino: sígueme
- La verdad: aprende de Mí
- La vida: permanece en Mí

Aquí hay algunas sugerencias que pueden ser beneficiosas para ti:

- No compres una Biblia que no estés dispuesto a marcar y usar. Una Biblia intercalada ofrece más espacio para las notas.

- Sé preciso y conciso; por ejemplo, Nehemías 13:18: "Una advertencia de la historia".

- Nunca marques nada porque lo hayas visto en la Biblia de otra persona. Si no te llega, si no lo entiendes, no lo marques.

- Nunca dejes pasar una pepita de oro sin tratar de entenderla. Entonces márcala.

Capítulo 17

Trabajo Personal Para Dios

Tratar con la gente personalmente es de vital importancia. Nadie puede decir cuántas personas se han perdido para el reino de Dios por la falta de investigación de la predicación del evangelio mediante el trabajo personal. Es deplorable cuán pocos miembros de la iglesia están calificados para tratar con los que preguntan por la salvación, y sin embargo, esa es la obra en la que deberían ayudar más eficientemente al pastor.

La gente no suele convertirse bajo la predicación del pastor. Es en la reunión de investigación (donde los que buscan a Cristo se reúnen después de la predicación para discutir sus necesidades espirituales más personalmente), donde es más probable que sean llevados a Cristo. Tal vez sean despertados bajo el pastor, pero Dios generalmente usa a alguna persona para señalar el camino de la salvación y llevar a los interesados a Jesús. Algunas personas no pueden ver la utilidad de las reuniones de investigación. Piensan que son algo nuevo y que no tenemos ninguna autoridad para ellas; pero no son ninguna innovación. Leemos sobre ellas en toda la Biblia. Cuando Juan el Bautista estaba predicando, fue interrumpido. Sería bueno que la gente interrumpiera al pastor de vez en cuando en medio de algún sermón metafísico y le preguntara qué quiere decir. La única manera de asegurarse de que la gente entiende lo que está hablando es dejar que hagan preguntas. No sé qué harían algunos hombres, que tienen todo su sermón escrito, si alguien se levantara y preguntara: "¿Qué debo hacer para ser salvo?". Sin embargo, esas preguntas harían más bien que cualquier otra cosa que se pudiera hacer. Despertarían un espíritu de investigación. Algunas de las enseñanzas más dulces de Cristo fueron provocadas por preguntas.

Debería haber tres clases de servicios en todas las iglesias: (1) Uno para la adoración, para ofrecer alabanzas, y para esperar al Señor Dios en oración; (2) Uno para la enseñanza, y en estos servicios no es necesario decir una palabra a los inconversos (aunque algunos hombres nunca cierran ninguna reunión sin presentar el evangelio), pero que la enseñanza sea para el pueblo de Dios, para la Iglesia; y (3) Uno para predicar el evangelio. El domingo por la mañana es el mejor momento para la enseñanza, pero el domingo por la noche es la mejor noche de toda la semana, de los servicios regulares de la iglesia, para predicar el sencillo evangelio del Hijo de Dios. Cuando hayan predicado el evangelio sencillo y hayan sentido el poder del mundo invisible y haya almas temblando en la balanza por tomar una decisión, no digan, como he oído decir a buenos pastores: "Si hay alguien en este lugar preocupado por su alma, estaré en la oficina del pastor el viernes por la noche y me alegraré de verlo". Para ese momento, lo más probable es que la impresión se haya borrado por completo. Trata con ellos esa noche, antes de que el Diablo arrebate la buena semilla. Dondequiera que se proclame el evangelio, debe haber una expectativa de resultados inmediatos; si así fuera, la Iglesia de Cristo estaría en constante estado de gracia.

Terminada la reunión de la sinagoga, muchos de los judíos y de los prosélitos temerosos de Dios siguieron a Pablo y a Bernabé, quienes, hablándoles, les instaban a perseverar en la gracia de Dios (Hechos 13:43). ¿Cuánto habrían logrado Pablo y Bernabé si hubieran pronunciado la bendición y enviado a esta gente a casa? Es para llorar que tengamos miles y miles de miembros de la iglesia que no hacen nada por extender el reino de Dios. Entienden de deportes, de ferias y de actualidad, pero cuando se les pide que se sienten y muestren a un hombre o a una mujer el camino hacia el reino de Dios, dicen: "Oh, no soy capaz de hacerlo. Que lo hagan los diáconos, o alguien más". Incluso pueden invitar a la gente a la iglesia para que el pastor les hable de Jesús, pero no pueden o no quieren llevarlos a Jesús ellos mismos. Todo esto está mal. La Iglesia debería recibir enseñanza en este mismo punto. Hay muchos miembros de la iglesia que van cojeando con muletas. Sólo pueden decir que son salvos, y se imaginan que eso es todo lo que se necesita para ser un cristiano. En cuanto a ayudar a otros, eso nunca entra en sus cabezas. Piensan que si pueden arreglárselas solos y llevarse bien con los demás, lo están haciendo muy bien. No tienen idea de lo que el Espíritu Santo quiere hacer a través de ellos.

No importa lo débil que seas, Dios puede usarte, y no sabes la corriente de salvación que puedes poner en marcha. Juan el Bautista era un hombre joven cuando murió, pero llevó a Andrés a Cristo, y Andrés llevó a Pedro, y así el río siguió fluyendo.

En las últimas páginas de este libro, quiero dar algunos consejos con respecto a la transmisión del bien y la bendición a otros, y así beneficiarlos con tu conocimiento de la Biblia. Todo creyente, ya sea líder, pastor o laico, tiene el deber de difundir el evangelio. *Vayan por todo el mundo y prediquen el evangelio a toda criatura* fue el amplio mandamiento de nuestro Salvador en Su despedida a Sus discípulos (Marcos 16:15).

Sin embargo, hay muchos estudiantes de la Biblia que descuidan completamente el mandamiento. Son como esponjas, siempre aspirando el Agua de la Vida, pero nunca impartiéndola a las almas sedientas a su alrededor. ¿Cuándo fue la última vez que le hablaron a alguien de Jesús? Un clérigo solía ir de caza, y cuando su obispo lo reprendió, dijo que nunca iba de caza cuando estaba de servicio.

"¿Cuándo está un clérigo fuera de servicio?", preguntó el obispo.

Y así con cada cristiano: ¿cuándo está fuera de servicio?

Estar listo con una promesa para los moribundos, una palabra de esperanza para los afligidos, de aliento para los deprimidos, o una palabra de consejo para los ansiosos es un gran logro. Las oportunidades de ser útil en estas formas son numerosas. No sólo en las reuniones de investigación y en el trabajo de la iglesia, sino que la apertura también se produce constantemente en nuestro contacto diario con los demás. Una palabra, una mirada, un apretón de manos o una oración pueden tener una influencia interminable para el bien.

— ¿Está tu padre en casa? —, le preguntó un señor al hijo de un médico.

— No —, respondió, — está fuera.

— ¿Dónde puedo encontrarlo?

— Bueno —, dijo, — tienes que buscarlo en algún lugar donde haya gente enferma o herida, o algo así. No sé dónde está, pero está ayudando en alguna parte.

Ese debería ser el espíritu que anima a todo seguidor de Él que va a hacer el bien.

Admito que no se pueden establecer reglas específicas en el trato con los individuos sobre su condición religiosa. Los soldados de plomo son exactamente iguales, pero las personas no lo son. Mateo era muy diferente a Pablo. Las personas con las que tratamos pueden ser muy diferentes. Lo que sería una medicina para uno podría ser un veneno para otro. En el capítulo 15 de Lucas, el hijo mayor y el hijo menor eran exactamente opuestos. Lo que hubiera sido un buen consejo para uno podría haber sido la ruina para el otro. Dios nunca hizo a dos personas para que se parecieran. Si nosotros hubiéramos hecho a las personas, probablemente las habríamos hecho todas iguales, aunque hubiéramos tenido que aplastar algunos huesos para que entraran en el molde. Pero ese no es el camino de Dios. Hay una variedad infinita en el universo. El carcelero de Filipos requería un trato específico. Cristo trató con Nicodemo de una manera y con la mujer del pozo, de otra.

En el trato con los buscadores, es un gran error contar nuestra propia experiencia de conversión. La experiencia puede tener su lugar, pero no creo que tenga lugar cuando tratamos con aquellos que tienen preguntas. Si primero le cuentas a un buscador tu propia experiencia de conversión, pensará que su experiencia debe coincidir exactamente con la tuya. Él no quiere tu experiencia; quiere una propia.

Supongamos que Bartimeo hubiera ido a Jerusalén a ver al ciego de nacimiento y le hubiera dicho:

— Cuéntanos cómo te curó el Señor.

El hombre de Jerusalén podría haber dicho:

— Sólo escupió en el suelo y me untó los ojos con el barro.

— ¡No!— dijo Bartimeo. — No creo que hayas recuperado la vista en absoluto. ¿Quién ha oído hablar de ser curado de esa manera? No es así como Jesús me curó. Llenar los ojos de un hombre con arcilla es suficiente para dejarlo ciego.

Ambos hombres eran ciegos, pero no fueron curados de la misma manera. Muchos hombres se quedan fuera del reino de Dios porque buscan la experiencia de otra persona: la experiencia que tuvo su abuela, su tía o algún otro miembro de la familia.

También es muy importante tratar con una persona a la vez. Un médico no da aceite de hígado de bacalao para todas las dolencias. "No", dice, "debo buscar lo que cada uno necesita". Mira la lengua e indaga en los síntomas. Una persona puede tener gripe, otra fiebre tifoidea y otra puede tener dolor de estómago. Tenemos que saber leer la Biblia y también la naturaleza humana.

Lo hacen mejor quienes no corren de una persona a otra en una reunión de investigación, ofreciendo palabras de aliento por doquier. Lo harían mejor yendo sólo a una o dos personas. Estamos construyendo para la eternidad, y eso puede llevar tiempo. El trabajo no será entonces superficial. Trata primero de ganar la confianza de la persona, y entonces tus palabras tendrán más peso. Usa mucho tacto al abordar el tema.

Será muy útil darse cuenta de las diferentes clases o condiciones de las personas, en la medida de lo posible, y hacer que ciertos pasajes de la Escritura se refieran a estas clases. No te limites a repetir un versículo que hayas visto en un libro, a menos que comprendas y conozcas personalmente el significado y la aplicación de ese versículo. Por supuesto, utiliza sugerencias de fuentes externas, pero al igual que David no podía luchar con la armadura de Saúl, el versículo que otra persona utilizó en una situación específica podría no ser el adecuado para que tú lo utilices en tu situación. Mira qué variados fueron los consejos de Jesús. Él dirigió sus palabras específicamente hacia cada individuo con el que trató.

Es mejor estar familiarizado con unos pocos pasajes que tener una idea vaga e incompleta de un gran número de versículos. Mira las clases de abajo. ¿Cuáles son algunos versículos que serían buenos para cada clase de persona con preguntas? Lo que es útil para una persona que busca puede no ser lo que necesita otra.

Las siguientes clasificaciones pueden resultar útiles:

1. Los creyentes que carecen de seguridad, que están en las tinieblas porque han pecado, que descuidan la oración, el estudio de la Biblia y otros medios de gracia, que están en las tinieblas debido a un espíritu que no perdona, que son tímidos o se avergüenzan de confesar a Cristo abiertamente, que no están comprometidos en el trabajo activo para el Maestro, que carecen de fuerza para resistir la tentación y mantenerse firmes en el tiempo de prueba, y que no están creciendo en la gracia.

2. Los creyentes que han reincidido en el pecado.

3. Los que están profundamente convencidos de pecado y buscan la salvación.

4. Aquellos que tienen dificultades de varios tipos. Muchos creen que son tan pecadores que Dios no los aceptará, que han pecado más allá de sus oportunidades de perdón y ahora es demasiado tarde, que el evangelio nunca estuvo destinado a ellos. Otros se mantienen alejados por dudas honestas sobre la divinidad de Cristo o la autenticidad de la Biblia. Otros también están preocupados por los misterios de la Biblia, las doctrinas de la elección, la conversión instantánea, o alguna otra dificultad, o dicen que han buscado a Cristo en vano, que lo han intentado y han fracasado. Una

gran parte de esta clase de personas tiene serios problemas con los sentimientos.

5. Los que ponen excusas. Hay una gran diferencia entre una persona que tiene una razón y otra que tiene una excusa que ofrecer. Las excusas más comunes son que hay muchos cristianos incoherentes e hipócritas en la Iglesia, que costaría demasiado hacerse cristiano, que no podrían continuar con su actual forma de vida, que esperan hacerse cristianos algún día, o que sus compañeros los frenan o los rechazarían si se convirtieran.

6. Los que no están convencidos del pecado. Algunos son deliberadamente pecadores; quieren "ver la vida", "vivir la vida loca". Otros son irreflexivos. Otros, de nuevo, son simplemente ignorantes de Jesucristo y de su obra.

7. Un gran número no siente su necesidad de un Salvador porque son santurrones, confiando en su propia moralidad y buenas obras para su salvación.

8. Aquellos que sostienen credos hostiles, abarcando sectarios, espiritualistas, otras religiones, infieles, ateos, agnósticos, etc.

Utiliza siempre tu Biblia en el trato personal. No confíes en tu memoria, sino haz que la persona lea el versículo por sí misma. No utilices hojas o libros impresos. Por eso, si es conveniente, lleva siempre contigo una Biblia o un Nuevo Testamento.

Es bueno hacer orar a alguien (si es conveniente), pero no lo hagas antes de que esté listo. Recuerda, es el Espíritu Santo y no tú quien hace la conversión y quien da nueva vida. Es posible que tengas que hablar con una persona dos horas antes de que puedas llevarla hasta ese punto. Cuando creas que está casi listo, dile: "Vamos a pedirle a Dios que nos ayude a entender este punto". A veces, unos minutos de oración han hecho más por una persona que dos horas de conversación. Cuando el Espíritu de Dios lo ha llevado tan lejos que está dispuesto a que ores con él o ella, no estará muy lejos del reino. Pídeles que oren por sí mismos. Si no quieren orar, permítele usar una oración bíblica; haz que la repita. Por ejemplo, Señor, ayúdame (Mateo 15:25). Dile: "Si el Señor ayudó a esa pobre mujer, te ayudará a ti si haces la misma oración, con el mismo corazón. Él te dará un nuevo corazón si oras de corazón". No envíes a una persona a orar a su casa. Por supuesto, debe orar en casa, pero prefiero que abra los labios de inmediato. Es bueno que un hombre escuche su propia voz en la oración. Es bueno que grite: *"Dios, ten piedad de mí, el pecador"* (Lucas 18:13).

Exige una decisión inmediata, pero nunca le digas a una persona que se ha convertido. Nunca le digas que es salva. Deja que el Espíritu Santo se lo revele. Tú puedes dispararle a un hombre y ver que está muerto, pero no puedes ver cuando alguien recibe la vida eterna. Tú no puedes permitirte el lujo de engañar a nadie sobre esta gran cuestión, pero puedes ayudarle en su fe y confianza, y guiarle correctamente. Hay muchas personas que piensan erróneamente que están en camino al cielo simplemente porque una persona bien intencionada o incluso un pastor les ha dicho que ahora son salvos simplemente porque "tomaron una decisión" o dijeron una oración; pero nunca se han arrepentido y sus corazones nunca han sido hechos nuevos por el Espíritu de Dios.

Siempre debes estar preparado para hacer un trabajo personal. Cuando se declaró la guerra entre Francia y Alemania, el Conde von Moltke, el general alemán, estaba preparado para ello. La noticia le llegó a última hora de la noche, después de haberse acostado. "Muy bien", dijo al mensajero, "la tercera cartera de la izquierda" (donde tenía sus planes de batalla); y se volvió a dormir.

Haz el trabajo con valentía. No trates con una persona del sexo opuesto, si se puede arreglar de otra manera. Haz todos los esfuerzos para responder a las pobres almas que luchan por la vida la pregunta más importante de sus vidas: ¿Qué debo hacer para salvarme? (Hechos 16:30).

Capítulo 18

Resumen Y Sugerencias

1 Ten para uso constante una Biblia de referencia, una concordancia y una Biblia temática.

2. Lleva siempre una Biblia o Nuevo Testamento en el bolsillo, y no te avergüences de que la gente te vea leerla.

3. No tengas miedo de marcarla o de hacer anotaciones al margen. Marca los textos que contengan promesas, exhortaciones, advertencias a los pecadores y a los cristianos, invitaciones evangélicas a los inconversos, etc.

4. Dedica al menos quince minutos al día o más al estudio y la meditación. Esto tendrá grandes resultados y nunca te arrepentirás.

5. Prepara tu corazón para conocer la ley del Señor, y para cumplirla. *Porque Esdras había dedicado su corazón*

a estudiar la ley del Señor, y a practicarla, y a enseñar Sus estatutos y ordenanzas en Israel. (Esdras 7:10).

6. Pide siempre a Dios que abra los ojos de tu entendimiento para que puedas ver la verdad, y espera que Él responda a tu oración.

7. Echa toda carga de duda sobre el Señor. *Echa sobre el Señor tu carga, y Él te sustentará; Él nunca permitirá que el justo sea sacudido* (Salmo 55:22). No tengas miedo de buscar una razón para la esperanza que hay en ti. *Sino santifiquen a Cristo como Señor en sus corazones, estando siempre preparados para presentar defensa ante todo el que les demande razón de la esperanza que hay en ustedes. Pero háganlo con mansedumbre y reverencia* (1 Pedro 3:15).

8. Cree en la Biblia como la revelación de Dios para ti, y actúa en consecuencia. No rechaces ninguna porción porque contenga lo sobrenatural o porque no puedas entenderla. Reverencia toda la Escritura. Recuerda el alto concepto que Dios tiene de ella.

> *La ley del Señor es perfecta, que restaura el alma; El testimonio del SEÑOR es seguro, que hace sabio al sencillo. Los preceptos del SEÑOR son rectos, que alegran el corazón; El mandamiento del SEÑOR es puro, que alumbra los ojos. El temor del SEÑOR es limpio, que permanece para siempre; Los juicios del SEÑOR son verdaderos, todos*

*ellos justos; Deseables más que el oro;
sí, más que mucho oro fino,Más dulces
que la miel y que el destilar del panal.*
(Salmo 19:7-10)

9. Aprende al menos un versículo de las Escrituras cada día. Los versículos memorizados te serán maravillosamente útiles en tu vida y camino diarios. *En mi corazón he atesorado Tu palabra, para no pecar contra ti* (Salmo 119:11). Algunos cristianos pueden citar las estadísticas deportivas o las canciones del mundo mejor de lo que pueden citar la Biblia.

10. Si eres predicador o maestro de escuela dominical, trata a toda costa de dominar tu Biblia. Deberías conocerla mejor que cualquiera en la congregación o clase.

11. Esfuérzate por ser exacto al citar las Escrituras.

12. Adopta algún plan sistemático de estudio bíblico: ya sea temático o por tópicos, como "La sangre", "La oración", "La esperanza", o por libros de la Biblia, o por algún otro plan señalado en las páginas anteriores.

13. Estudia para saber para qué y para quién fue escrito cada libro de la Biblia. Combina el Antiguo Testamento con el Nuevo. Estudia juntos Hebreos y Levítico, los Hechos de los Apóstoles y las Epístolas, los profetas y los libros históricos del Antiguo Testamento.

14. Estudia cómo utilizar la Biblia para caminar con Dios en una comunión más estrecha. Además, estudia para obtener un conocimiento práctico de las Escrituras para llevar a otros a Cristo. Un viejo pastor solía decir que los gritos de los textos descuidados siempre sonaban en sus oídos, preguntando por qué no mostraba lo importantes que eran.

15. No te conformes con leer un capítulo diario. Estudia el significado de al menos un versículo.

> *Porque todo lo que fue escrito en tiempos pasados, para nuestra enseñanza se escribió, a fin de que por medio de la paciencia y del consuelo de las Escrituras tengamos esperanza.* (Romanos 15:4)

Acerca De Dwight L. Moody

Dwight Lyman Moody nació el 5 de febrero de 1837 en Northfield, Massachusetts. Su padre murió cuando Dwight tenía sólo cuatro años, dejando a su madre con nueve hijos a su cargo. Cuando Dwight tenía diecisiete años se fue a Boston para trabajar como vendedor. Un año más tarde fue guiado a Jesucristo por Edward Kimball, el maestro de escuela dominical de Moody. Moody pronto se fue a Chicago y comenzó a enseñar una clase de escuela dominical propia. A los veintitrés años se había convertido en un exitoso vendedor de zapatos, ganando 5.000 dólares en sólo ocho meses, lo cual era mucho dinero para la mitad del siglo

XIX. Sin embargo, tras decidir seguir a Jesús, dejó su carrera para dedicarse a la labor cristiana por sólo 300 dólares al año.

D. L. Moody no era un pastor ordenado, pero era un evangelista eficaz. Una vez Henry Varley, un evangelista británico, le dijo: "Moody, el mundo todavía tiene que ver lo que Dios hará con un hombre totalmente consagrado a Él".

Moody dijo más tarde: "Con la ayuda de Dios, me propongo ser ese hombre".

Se calcula que durante su vida, sin la ayuda de la televisión o la radio, Moody recorrió más de un millón de kilómetros, predicó a más de un millón de personas y trató personalmente a más de setecientos cincuenta mil individuos.

D. L. Moody murió el 22 de diciembre de 1899.

Moody dijo una vez: "Algún día leerán en los periódicos que D. L. Moody, de East Northfield, ha muerto. ¡No crean ni una palabra de eso! En ese momento estaré más vivo que ahora. Habré subido más alto, eso es todo, fuera de esta vieja casa hecha de barro, a una casa que es inmortal; un cuerpo que la muerte no puede tocar, que el pecado no puede manchar, un cuerpo modelado como Su cuerpo glorioso. Nací de la carne en 1837. Nací del Espíritu en 1856. Lo que ha nacido de la carne puede morir. Lo que nace del Espíritu vivirá para siempre".

También Por Aneko Press

Jesús Vino Para Salvar a los Pecadores,
by Charles H. Spurgeon

Jesús vino a salvar a Pecadores es una conversación de corazón a corazón con el lector. A través de sus páginas, se examina y se trata debidamente cada excusa, cada razón y cada obstáculo para no aceptar a Cristo. Si crees que eres demasiado malo, o si tal vez eres realmente malo y pecas abiertamente o a puerta cerrada, descubrirás que la vida en Cristo también es para ti. Puedes rechazar el mensaje de salvación por la fe, o puedes elegir vivir una vida de pecado después de decir que profesas la fe en Cristo, pero no puedes cambiar la verdad de Dios tal como es, ni para ti ni para los demás. Este libro te lleva al punto de decisión, te corresponde a ti y a tu familia abrazar la verdad, reclamarla como propia y ser genuinamente liberado para ahora y para la eternidad. Ven, y abraza este regalo gratuito de Dios, y vive una vida victoriosa para Él.

Disponible donde se venden libros

www.ingramcontent.com/pod-product-compliance
Lightning Source LLC
Chambersburg PA
CBHW070142080526
44586CB00015B/1804